多文化 배움 論爭 :
다문화 다르게 바라보기

김성길

KNOWLEDGE COMMUNITY 공동체

목 차

Prologue : 다름과 틀림은 다르다!

"한 사람 한 사람은 그저 그 자신일 뿐만 아니라 일회적이고, 아주 특별하고, 어떤 경우에도 중요하며 주목할 만한 존재이다."

헤르만 헤세의 〈데미안〉 중에서

이제 다문화라는 용어가 낯설지 않다. 한국 사회에 거주하는 외국인 숫자가 얼마고 전체 인구 중에서 이들이 차지하는 비율이 얼마인지에 대한 통계를 언급하지 않아도 된다.[1] 이미 한국 사회는 다문화사회로 진입해 있다. 다문화사회로의 진전은 외국인들에 대한 교육적 관심의 증가뿐만 아니라[2] 결혼이주여성과 그 자녀들의 교육과도 연관된다. 왜냐하면 이들이 한국 사회의 구성원으로서 함께 호흡하고 성장 발전해야 할 인재(人材)들이기 때문이다.

다문화사회로의 전환은 지구촌 세계화와 맥을 같이한다. 정치, 경제, 사회, 문화 전 영역에서 국가와 국가 사이의 경계가 사라지고 서로 이동과 치환이 자유로운 환경 속에서 생활하게 된 것이다. 사회 환경의 변화는 글로벌 교육에 대한 관심의 증대로 이어진다. 예를 들어, 영어몰입교육, 영어마을, 조기유학 등 영어에 대한 관심은 하나의 교과목 수준을 넘어서 사회적 유행으로 이어지고 있다.[3] 글로벌 리더 양성을 위한 교환학생이나 어학연수 프로그램은 경쟁력을 지닌 인재 육성이라는 국가적 목표와 더불어 지속적으로 확대되고 있다.

2015 인천 세계교육포럼은 개인의 역량 강화와 더불어 함께 살아가는 공동체에 대한 관심을 확장하는 기회가 되었다.[4] 이번 세계교육포럼은 기존의 '모든 이를 위한 교육(Education For All)' 성과를 바탕으로, 교육받을 권리(right to education), 형평성(equity in education), 포용(inclusive education), 양질의 교육(quality education), 평생학습(lifelong learning) 등 사회 환경의 변화를 반영한 교육의제를 부각시켰다. 이들 교육의제들은 UN의 새천년개발목표(MDGs)와 지속가능개발목표(SDGs)를 연계하여 국제사회에 공통된 교육의제로서 자리매김하고 있다. 이번 인천선언을 통해 2000년 다카르 선언을 넘어서 교육기회의 보장 범위를 확대하고 양질의 교육을 보다 강조하는 것에 합의하였다. 선언문에서는 기존의 '모든 이를 위한 교육(EFA)' 운동을 계승하여 9년의 초중등교육을 보장하고, 청년과 성인들의 전 생애에 걸친 평생학습 기회를 강조하였다. 또한 직업기술교육훈련(TVET), 고등교육 및 연구 지원을 통해 개발도상국들의 직업교육과 고등교육에 대한 교육수요를 반영하였다. 세계시민교육(GCED)이 지속가능발전교육(ESD)과 함께 인천선언문에 언급된 것은 기존의 교육기회 보장에 관한 논의를 넘어서서 세계화에 대한 교육의 역할을 명시했다는 데 의미가 있다.

세계화에 대비한 경쟁력 강화의 이면에는 다문화사회가 직면하게 될 교육적 과제가 놓여 있다. 외국인 근로자나 결혼이주 가정 자녀들과 지역사회에 대한 교육 문제가 그것이다.[5] 한국어에 서툰 이주근로자나 이주여성 본인의 국내 적응 문제도 심각하지만, 이들이 꾸민 가정에서의 자녀교육이나 지역사회와의 관계 맺기는 또 다른 문제로 드러나고 있다.

그동안 다문화사회에 대비한 교육이 없었던 것이 아님에도 불구하고, 이들 다문화교육은 몇 가지 문제점을 지니고 있었다. 첫째로, 지금의 다문화교육은 주로 성인대상으로 진행되고 있다. 둘째로, 다문화교육 연구가 주로 외국이론의 적용과 대안 제시에 초점을 맞추고 있다. 셋째로, 다문화교육이 학교중심으로 이루어지는 문제를 들 수 있다. 다문화사회로의 전환에 대해 제대로 준비하지 못한다면 그만큼 가까운 미래의 사회적 비용을 감당해야 할지도 모른다. 다문화교육을 학령기 교육의 일환으로만 취급할 경우, 변화하는 미래 사회에 대한 준비와 자기계발의 능력을 발휘할 수 없을 뿐만 아니라 평생교육, 평생학습이라는 시대적 요구에도 부합하지 않을 것이기 때문이다. 인간은 누구든지 학교교육 현장을 떠나 언제 어디서든지 배우고 익히고 새롭게 만들어 낼 수 있는 배움의 존재임에도 불구하고, 지금의 학교는 이들의 능력과 꿈을 이루어 주기에는 부족함이 있기 때문이기도 하다.[6]

다문화교육은 이해와 포용과 나눔의 교육이념을 펼칠 수 있는 주요한 열쇠다. 다문화교육의 성패는 나와 다른 세계를 어떤 관점으로 바라보고 어떻게 적합한 교육 패러다임을 적용하느냐에 따라 달라질 수 있다. 지식기반 사회의 지식은 쓰면 쓸수록 그 효용가치가 더 커지기에, 새로운 지식을 창조하고 그 쓰임새를 극대화하며, 이를 기반으로 개인과 조직, 지역과 국가의 발전을 도모하는 다문화교육의 역할은 그 중요성이 더욱 강조될 수밖에 없다. 다양해지는 사회 구조 속에서 개인적 · 사회적 요구를 이해하고 포용하고 서로 나누기 위해서는 다문화교육에 대한 온전한 이해가 절실하다. 그런 의미에서, 다문화사회로의 진척이라는 시대 현실 속에서 배움 존재로서 모든 이를 위한 다문화교육에 대한 요구 사이의 간극을 좁히고 서로의 접점을 찾아 나서는 배움학적 시도가 필요한 시점이다.

이 책에서는 그동안 나름대로 파편적으로 진행해 왔던 다문화와 관련한 노력과 결과들을 하나로 모아 서로 연결하고 엇지르고 융합해 보는 실험적 시도를 실천했다. 말하자면, 한국연구재단의 신진연구지원사업을 통해 처음 접했던 다문화 관련 연구들을 바탕으로, 일본과의 비교를 통해 다문화에 대한 관점을 한 걸음 진일보시켰다. 이후 다문화교육, 다문화주의, 다문화사상, 다문화철학 등 다문화 전반에 대한 이해의 틀과 개념, 원론적 관점들을 성찰하여 다문화에 대한 쟁점을 개념, 비교, 소통, 주체의 네 가지 논쟁을 중심으로 정리하였다. 이를 통해, 모든 이들이 평생학습 사회에 다문화 소양을 갖춘 건전한 세계시민으로 성숙할 수 있도록 이바지하고자 하였다.

다문화에 대한 관심과 소소한 글쓰기들을 모아서 한 권의 저술로 만들어 낼 수 있었던 데에는 많은 이들의 도움이 있었다. 한 명 한 명 일일이 호명하지 못함을 송구스럽게 생각하며, 함께 소통했던 모든 이들에게 감사의 마음을 전한다.[7] 특히나 이 저술은 2012년도 광운대학교 연구년 지원에 힘입어 완성되었음을 밝힌다. 연구년 기간은 나름대로 공부하고 사색하고 성찰하며 지금까지와 앞으로의 삶살이를 재정리할 수 있는 소중한 시간이었다. 끝으로, 이 책이 세상의 빛을 볼 수 있도록 수고해 준 공동체 출판사 식구들에게 고마운 마음을 전하면서, 이 책을 접하는 모든 이들이 인간 존재에 대한 근본적인 이해의 확대와, 모든 이들이 서로 다름에 대한 인식의 확장과, 자기 성찰을 위한 기회의 확충을 경험할 수 있기를 기대한다.

2015년 7월

한울관에서

김 성 길

다문화 개념 논쟁

다문화사회는 공동체의 다양한 문화와 가치, 태도를 형성하고 구성원 간의 특성을 인식하며 상호 공존과 협력을 강조하는 사회다. 다문화교육은 학습자들이 스스로 자아 정립과 사회적 관계 형성 과정에서 자신이 속한 문화뿐만 아니라 다른 문화에 대해서도 올바른 지식과 태도를 갖출 수 있도록 다양한 문화를 접하고, 익히고, 경험하는 교육을 말한다. 이번 다문화 개념 논쟁에서는 다문화사회로 전환한 한국 사회의 '다문화'가 어떤 모양새의 다문화인가에 대한 의문에서 출발하였다. 다시 말해서, 지금 이야기되고 있는 한국 사회의 다문화는 문화(文化)라는 큰 개념에서 나온 작은 개념인지, 아니면 다문화(多文化) 나름의 독자 영역에서 출발한 개념인지에 대한 의문에서 시작되었다. 이를 위해, 현재 다문화 개념의 한계를 분석하고, 문화 속 다문화 개념을 정리한 후, 이를 바탕으로 다문화교육의 핵심요소인 소통의 개념을 배움학적 원리로 제안하였다.[8)]

Ⅰ. 들어가며

다문화에 대한 논란이 심화되고 있다. 논란의 핵심은 다문화에 대한 수용과 배제다. 영국, 독일, 프랑스 등 유럽 수뇌부들의 선언에서부터[9] 2011년 7월 노르웨이 테러에 이르기까지[10] 전 세계가 다문화 담론 속에 휩싸여 있다. 대한민국도 예외가 아니다.[11] 국내 거주 외국인 수가 증가하면서 이곳저곳에서 외국인 범죄, 외국인 혐오주의가 나타나고,[12] 인종이나 민족 등에 대한 이야기들이 드러나고 있다.

세계화 시대는 인종, 피부, 성, 종교 등에 따른 차별과 편견에서 벗어나 인간이 지닌 존엄성과 가치를 소중히 하며, 서로에 대한 관심과 배려로 자유롭게 소통하는 태도와 공간을 지향하고 있다. 이러한 가치 속에서 세칭 '다문화사회'로의 급격한 진전은 한국 사회에도 다양한 생각거리들을 제시하고 있다. 단일민족의식을 바탕으로 '나, 너, 우리'와 '타인' 사이에 경계선을 그으며 외국인들에 대한 차별과 소외와 소통의 부재를 경험하고 있다.

다문화사회는 단지 인종적으로나 민족적으로 배경이 다른 사람들이 모여 사는 곳에 그치지 않는다. 다문화사회는 다양한 지위와 관계를 가진 사람들이 서로 더불어 살아가는 곳이다. 이곳에서는 필연적으로 사회구성원으로서 기존의 멤버십과 새로운 멤버십 사이의 충돌이 발생할 수밖에 없다.[13] 주류와 비주류 사이의 상호 공존을 위해서는 통합과 소통의 논리를 개발하고 기존의 멤버십에 포함하지 않은 이들에게 합리적 절차를 거쳐 새로운 멤버십을 부여하고 그에 따른 권리와 의무를 부여하는 작업이 필요하다.

그동안 국제화, 세계화 등으로 사회가 다양화되면서 외국인들로 하여금 한국 사회에 잘 적응하고 동화하도록 하는 정책을 시행해 온 것이 사실이다. 그 속에서 다문화에 대한 인식이 나타나기 시작했다. '농촌 총각 장가보내기' 등을 통해 국제결혼이 늘어나고 2006년에는 미국 미식축구 선수인 하인즈 워드가 방한하면서 다문화에 대한 관심이 촉발되기에 이르렀다. 이는 한국 사회가 점차 단일민족이라는 의식에서 벗어나 당사자 각자의 인식과 판단을 중요하게 여기는 다양성의 사회로 전환함을 인식하는 계기가 되었다.

사회적 의식의 변화에도 불구하고, 다문화사회가 직면하고 있는 과제는 다양하다.[14] 예를 들어, 외국인 근로자나 결혼이주 가정 자녀들의 학교사회 및 지역사회에 대한 적응과 소통의 한계에 대한 과제가 있다.[15] 이에 대해 평생학습 차원에서 다문화를 인식하고 그 대안을 제시하기도 한다.[16] 이런 문제는 개인의 수준에 멈추지 않고 지역사회와 국가적 차원으로 확대 재생산될 가능성이 커지고 있다.

이러한 다문화교육과 다문화 개념 자체에 대한 문제들을 정리하면,[17] 첫째, 다문화교육의 대상과 주체를 균등하게 선정하여 교육하는 문제를 지니고 있다. 둘째, 다문화에 대한 개념을 혼재하여 사용하고 있으며 그로 인해 철학과 공감대가 부재한 상태에 놓여 있다.[18] 이는 다문화교육에 관한 연구가 주로 외국이론의 적용과 대안 제시에 초점을 맞추고 있는 데서 잘 드러나고 있다. 셋째, 다문화교육의 내용과 방법이 명확하지 않은 상태에서 주로 학교를 중심으로 진행되고 있다. 다문화교육이 가장 시급한 장소가 학교임에는 틀림없지만, 학교를 포함한 사회 전반에서 다문화에 대한 교육이 이루어지는 것이 바람직하다. 지금의 다문화교육은 다문화에 대한 배움학적 차원에서의 해체와 재구성을 필요로 한다.

다문화의 개념 재정립 작업은 다문화사회로 변화하고 있는 한국 사회의 '다문화'가 어떤 모양새의 다문화인가에 대한 의문에서 출발하였다. 다시 말해서, 한국의 다문화는 문화(culture)라는 모(母)개념에서 태어난 자

(子)개념인지, 아니면 다문화(多文化) 나름의 독자적 영역을 구축한 개념인지에 대한 제대로 된 자리매김이 선행되어야 한다는 문제제기다. 다문화 개념에 대한 재정립이 있은 후에라야 다문화교육의 방향과 철학, 주체와 대상, 내용과 방법 등에 대한 후속 작업이 진행될 수 있기 때문이다.

II. 다문화 개념의 한계

다양성이 증대하는 사회적 상황 속에서 한국 사회는 다문화사회인가에 대한 물음과 함께, 다문화교육은 다문화주의 교육인가 문화 다양성 교육인가 등의 질문이 제기되어 왔다.[19] 이런 문제제기의 핵심은 다문화교육은 외국인 근로자, 결혼이주여성, 북한이탈주민과 그 가족을 대상으로 하는 활동인가에 대한 원론적인 질문이다.

다문화는 하나 이상의 복수 문화를 말한다. 다문화는 다인종, 다민족으로 구성된 사회에서 문화의 중심이 되는 주류문화에 대한 하위개념으로,[20] 위계 관계 혹은 다양성의 존중을 내포하는 개념이라고 할 수 있다. 다문화가 요구하는 새로운 시각은 고정관념, 편견, 선입관을 내려놓는 일에서부터 출발하며,[21] 이는 다문화교육을 통해서 확산될 수 있다.[22]

일반적으로 다문화교육은 다양한 문화와 민족, 성, 사회적 배경을 가진 학습자들이 공평한 교육적 기회를 가질 수 있도록 하는 것이며, 모든 학습자들이 문화교육에 대한 긍정적 태도, 인식, 행동을 발달시킬 수 있도록 돕는 데 목적을 둔 교육과정이다.[23] 또한 다문화교육은 학습자와 교수자가 새롭고 다양한 참조 틀에서 세계를 조망할 수 있도록 도와주어야 하며, 현대 세계의 발전에 영향을 준 다양한 속성을 고려 대상으로 삼아 공정한 의미 부여를 할 수 있어야 한다.[24]

다문화교육은 모든 이들로 하여금 자신의 문화적 정체성을 포기하도록 하는 것이 아니라, 스스로 자신의 고유한 문화적 정체성과 다른 이들의 그것을 동일하게 향유하도록 돕는다.[25] 다문화교육은 모든 사람에게 자신의 성취를 위해 교육 기회를 평등하게 제공하는 데 목적이 있다. 즉, 어떤 사람이든지 그가 속한 민족적·종족적 차이나 사회계층, 종교, 성차, 특수성에 관계없이 자기성취를 위해 기회를 보장받는 데 의미가 있다.[26]

한국에서 다문화교육은 외국인 근로자 가정과 그 자녀, 국제결혼 가정과 그 자녀, 북한이탈주민 가정과 그 자녀들을 대상으로 이루어지고 있다.[27] 향후 다문화가정 자녀의 수는 지속적으로 늘어날 전망이며 이들 가운데 상당수는 사회적 취약계층으로 자리매김할 가능성이 높다. 이로 인해 한국 사회가 지불할 사회적 비용의 증가를 대비할 필요가 높아지고 있다.

한국은 학교교사, 현장전문가, 다문화 관련 연구자들 사이에서 다문화교육이 무엇인지에 대한 명확한 개념 정립이 되어 있지 않고, 상호 유사한 개념들이 혼용되고 있는 실정이다.[28] 이런 가운데 다문화교육의 필요성과 중요성이 강조됨에 따라 다문화교육 현장과 다문화 연구 사이에 혼란이 가중되고 있다.

한국 다문화교육에서 광범위하게 발견할 수 있는 지배적인 이해방식 중 하나는 소수자를 대상으로 하는 교육을 다문화교육이라고 바라보는 시각이다. 다문화교육을 다문화가정 자녀, 특히 외국인 근로자 자녀나 결혼이민자 자녀를 대상으로 하는 한국어, 한국 문화 교육을 의미하는 것으로 이해한다. 이는 한국 사회와 문화에 적응하기 위한 동화주의적인 입장의 접근방식을 기본 바탕으로 한다. 이는 다문화교육을 한국화 교육, 한국어 및 한국문화 교육과 동일시할 뿐만 아니라 단순히 소수 이민자들이 한국 사회에 잘 적응하고 그에 따른 문제들이 사라지면 다문화교육은 필요 없다는 사고방식과도 연결될 수 있다. 또한 학교현장과 다문화교육의 운영지침을 마련해야 할 시도교육청에서는 외국어교육, 국제이해교육, 귀국자녀교육 등의 업무를 다문화교육이라고 부르며 혼란을 가중시키고 있다.

선진 사회일수록 다문화를 다양성의 공존 개념으로 인정한다. 다문화를 기술적 개념으로 바라보면 문화적 다양성을 지닌 존재의 공생(共生)으로 정리할 수 있다. 이때는 외부로부터의 이주 증가가 가장 중요한 동기가 된다. 문화적 단일성과 다양성의 혼재에 대한 문제가 드러나면서 이들 각자의 권리와 사회적 통합의 문제가 나타나고 다문화의 공생에 대한 논의가 확산된다.[29]

다문화를 이념적 측면으로 바라보면 문화우월주의와 다문화주의 사이의 갈등 속에서 문화적 다양성을 지지하는 사회 구성의 기본 원리로 다문화주의를 받아들인다. 더불어, 다문화주의를 증진하는 것이 사회 발전에 긍정적이라는 합의에 도달하고, 사회구성원들이 서로 다른 문화와 정체성을 유지 발전시켜 가는 것을 상호 인정하는 상생(相生)의 관계를 가진다. 말하자면, 주류사회에 동화시키거나 배제하려는 정책 대신에 각 사회의 차이와 다양성을 인정하고 유지하려는 노력이 확대된다.[30]

그동안 한국 사회의 다문화는 그 개념의 혼돈 속에서 표류하고 있었다. 그럼에도 불구하고, 다문화에 대한 지속적인 관심과 연구 의욕이 고취되었기에 기본적으로 민주시민사회의 가치를 존중하고 다양한 사회구성원들이 더불어 공존하는 방향으로 다문화의 개념이 정리되고 있다.[31] 이제는 다문화에 대한 법적·제도적·정책적 차원에서의 기초적 정비와 기본적 지원을 넘어서야 할 때다. '다문화가 곧 문화 자체고, 다문화교육이 곧 교육 자체'라는 사회구성원 모두의 의식 수준 향상이 필요한 때다.

III. 문화 속 다문화의 정체성

다문화사회로 대표되는 사회구조의 다양화는 세계적인 현상이다. 그 진행 속도가 한국에서는 더욱 가속되고 있다. 그 속에서 실행되는 다문화교육은 넓은 의미에서 문화교육의 한 분야다.[32] 문화의 다양성과 보편성에 대한 이해는 근대, 즉 모던(modern)을 넘어서 탈근대로서 포스트모던(post-modern)의 미래 사회를 구상하는 데 있어서 피할 수 없는 도전이다.[33]

문화에 대한 이해는 한 문화를 향유하고 있는 인간이 다른 이질적인 문화와 접촉함으로써 드러난다. 인간이 한 사회에서 생존하는 과정에서 일반적으로 받아들이는 생활양식의 총체를 문화라고 한다면, 그것은 사회구성원들에게 전달될 뿐만 아니라 이를 따르도록 권유하는 강제력 또한 수반하고 있다. 그렇기 때문에 인간의 행위양식에서는 어떤 질서 또는 규칙성이 발견되는데, 이러한 경향을 일반화시킨 개념을 문화라고 할 수 있다.[34]

문화의 다양성은 통일성을 주장하는 모던의 시각에서는 수용하기 어려운 요소다. 포스트모던의 다원성과 다양성은 중심부와 주변부를 이분법적으로 설정하여 주변부에 대한 중심부의 우월적 지위와 통일성을 강요하는 근대적 문화 관점을 넘어서는 것이다.[35] 한국의 다문화 인식의 특수성은 문화 현상에 대한 긍정적 수용과 배타적 차별이라는 근대적 이분법을 보이고 있다.[36] 다문화교육 방법의 풍요 속에서 다문화교육 내용의 빈곤이라는 이분법적 양태, '나, 너, 우리'와 '나머지 그들'이라는 구별 짓기 양상을 내포하고 있는 것이다. 근대가 말하는 보편성과 합리성, 이성중심의 사고는 이분법적 구분을 따른다.[37] 보편성은 타자를 배제하고 끊임없이 주변부를 재생산하고 있다. 계몽과 이성이라는 근대의 원리를 소유하지 못한 타자는 배제된다. 근대의 계몽과 합리라는 가치는 차별을 보편화하는 기제로 활용될 뿐이다.

문화는[38] 한 사회집단의 생활양식, 즉 인간이 만든 총체적 환경이라고 할 수 있다.[39] 문화를 집단생활의 물질적 · 비물질적 측면을 포괄하는 방향으로 정의할 수도 있지만, 대부분의 학자들은 문화의 무형적 · 상징적 · 관념적 측면을 강조하고 있다.[40] 그래서 문화는 역동적이고 복잡하며 변화무쌍하고 다층적이며 다양하다. 또한 문화는 그 자체가 다문화적이다. 문화 속 다문화의 인식론적 토대와 운영체제는 근대의 모던을 넘어서서 탈근대의 포스트모던적 관점 전환을 필요로 한다. 민주시민사회의 이념 속에서 서로 다른 차이를 인정하고 차별을 없애는 교육의 실천은 문화 속 다문화의 정체성에 대한 인식의 재정립에서 출발할 수 있다.

문화는 잘 짜여진 생각과 독자적 행동의 패턴이다.[41] 각 문화는 각자적(各自的)인 목적을 가지고 생성되었기에 다른 사회에서도 반드시 통일되어야 하는 것은 아니다. 문화 간 충돌과 갈등은 서로 다른 요소들의 조화와 화합의 모습을 추구하게 된다. 문화(文化)는 말 그대로 '글(文)로 됨(化)', 글로 남겨짐을 의미한다. 이때 '글'은 추상적이고도 근본적인 기록을 뜻한다. 인간의 삶이 기록된 흔적을 문화라고 부른다면, 문화는 존재의 삶의 흔적과 그 흔적 위에 자신의 삶을 또 다시 새겨나가는 작업이며[42] 삶의 다양성을 보편화하는 과정이다.

문화는 어느 집단이나 사회에 속하는 사람들이 공유하는 의미이며 가치체계이고 삶의 방식이기에,[43] 문화는 그 사회를 유지하는 규범으로 정체성을 구성한다. 문화를 한 집단의 생존 유지와 환경 적응을 위한 프로그램,[44] 즉 사회집단이 그들의 환경 변화에 적응하고 살아남기 위하여 환경을 수정하고 개척하기 위해 필요로 하는 태도, 지식, 기술, 이념 등의 총합으로 파악한다면, 이러한 문화는 일정한 문화적 형태를 통하여 구현

된다.

문화라고 이야기하는 문화유산이나 행동양식, 풍습, 관습 등은 문화적 형태에 속하는 것이다. 문화는 자연과 세계, 역사와 현실에 대한 직접적 반영이라기보다는 인간의 지성과 노력에 의해 매개된 것이다. '매개된 현실'을 말할 때 객관적 실체와의 상응 여부는 일차적인 문제가 되지 않는다.[45] 왜냐하면 매개는 인간의 지성과 노력에 의해 새롭게 반추(reflecting)되고 전환(transforming)된 것이기 때문이다. 중요한 것은 매개 작업이 내포한 해석과 성찰의 문제다. 문화 속 다문화에 대한 성찰은 다문화교육에 대한 이해의 초석인 것이다.

다문화교육은 "문화의 다양성을 존중하고, 개인이 적어도 한 개 이상의 문화집단에 동시에 소속되어 있으면서 서로 다른 문화집단과도 상호 연결되어 있음을 인식하는 데서 출발"한다.[46] 말하자면, 다문화교육은 학습자들이 스스로 자아 정립과 사회적 관계 형성 과정에서 자신이 속한 문화뿐만 아니라 다른 문화에 대해서도 올바른 태도와 기술과 지식을 갖출 수 있도록 서로 다른 다양한 문화에 대한 교육의 필요성을 강조한 개념이다.

다문화사회는 공동체를 위한 다양한 문화와 가치, 태도를 형성하고 구성원 간의 특성을 인식함과 동시에 공존과 협력을 강조하는 사회다.[47] 다문화교육은 학교 교육과 사회 전반에 걸친 평생교육의 필요성을 강조하고 있다. 한국 사회에서 다문화교육은 인간의 평등과 시민사회 구현을 추구하는 철학적 개념을 바탕으로 일부 인종이나 개별 집단을 위한 교육이 아니라 모든 인간을 위한 교육과정으로서의 사회 정의 교육이다. 다문화교육을 수행하기 위한 기본 원리는 다양한 인간에 대한 편견과 차별의 근절, 다양성과 차이에 대한 이해와 포용, 이질적인 문화와의 평등적 공존에 있다. 이들 원리는 한국 사회의 다문화적 상황을 합리적으로 인식하고 이에 대응할 개방적 태도와 보편적 문화 원리에 근간을 두고 있다.

다문화의 근간은 다양한 문화에 있으며, 이들 다양한 문화를 비판적으로 바라보고 서로 소통할 수 있는 배움력을 배양하는 것이 문화 속 다문화교육이 추구할 방향이다.

IV. 소통의 배움 원리 : 다름과 다양의 美學

소통(疏通)과 힐링(healing)이 화두인 시대다. '불통을 넘어 소통의 시대'로 전환하면서,[48] 단순한 정보와 지식의 전달 수준을 넘어서서 공감과 포용, 이해와 관용이 요구되는 시대가 되었다. 말을 주고받는 언어교통(言語交通)에서 마음으로 주고받는 의식소통(意識疏通)으로의 개조(reformatting)를 추구하고 있다.[49] 그만큼 사회가 다양하고 복잡해진 것이다. 탈근대 다문화사회로의 진전이 궁극적으로 소통과 관용의 중요성을 부각시킨 것이다.

소통은 서로 다른 사람들 사이의 마음의 상호교환과 이해다.[50] 이해는 한 사람이 다른 사람의 마음을 납득하고 그 마음의 진실성을 인정하는 것이다. 남의 마음을 이해한다는 것은 그 사람의 생각이나 주장을 무조건 믿고 따르는 것이 아니라, 그런 생각과 주장의 개연성에 동의하는 것이다. 이는 나와 타자 간에 존재하는 차이를 인정하는 동시에, 가능한 한 타자의 입장과 최대한으로 가까워지려는 태도다. 이런 점에서 이해는 일종의 관용이며 열린 마음으로 타인을 수용하려는 심성이다.

소통은 한 집단을 구성하는 둘 이상의 구성원들 간의 신체적 · 물리적 접촉과 교류를 전제로 한다.[51] 접촉과 교류가 없는 곳에 소통은 존재하지 않는다. 소통을 위해서는 접촉과 교류가 우선적으로 필요하다. 이러한 소통의 대상은 물리적 · 기술적 정보나 사이버 공간의 전자신호가 아니다.

소통의 진정한 대상은 사회구성원들이 지닌 고유한 마음과 정서, 즉 개성의 집합으로서 문화인 것이다.

소통은 각자의 문화를 인정하는 방법으로 공존과 관용에 가치를 부여한다. 공존과 관용은 타자성을 존중한 결과의 표출이다. 공존은 서로를 존중하는 것이고, 공존보다 좀 더 진일보한 것이 관용이다. 단순히 정보를 주고받는 것이 소통하는 것은 아니다. 소통은 전달하는 것이 아니라 공존하는 것이다. 소통은 사람들 사이에 뛰어넘을 수 없는 타자성을 인정하면서 더 많은 관용에 호소한다.[52)]

관용한다, 즉 똘레랑스(tolerance) 한다는 것은 견딘다는 의미다.[53)] 똘레랑스 한다는 것은 동의하지 않는 생각을 용인하는 것을 말한다. 내가 동의하지 않는 상대방의 의견이나 생각을 바꿀 수도 있겠지만 그대로 용인하는 것이다. 관용에는 환대의 사상이 포함되어 있다. 환대는 화합되지 않는 상대방조차 받아들이라는 가르침이다.[54)] 이는 최소한의 접촉을 요구하는 것으로서, 함께 있는 동안에는 상대를 존중하라는 의미다. 똘레랑스는 상대방을 받아들이는 모험이다. 똘레랑스의 시작은 '서로 같은 걱정'을 하고 있음을 의식하는 것이다.

나와 다른 것은 다른(different) 것이지 틀린(wrong) 것이 아님에 대한 '서로 같은 걱정'과 이해와 공감은 생각처럼 용이하지 않다. 학문 간 경계를 허물고 간학문적인 융합과 통섭을 이야기하지만 실상은 여전히 우물 안 개구리를 벗어나지 못하고 있다.[55)] 다문화의 다양성을 추구해야 한다고 이야기하면서도 '내 문화라는 우리' 속에서 악순환의 반복을 지속하고 있는 실정이다. 결국 다문화 속에서의 소통은 인간의 존엄을 위반하지 않도록 잘 사는 것에 대한 '물음의 반복'이며 그 비언어적 표현이나 문화 사상에 계속해서 주목하는 것이다.[56)]

민주시민사회의 다문화는 각 개인의 존엄성과 사회의 가치를 존중한다.[57] 모든 이들은 성별이나 인종이나 종교나 각자의 배경에 관계없이 고유의 인간성과 잠재성을 지니고 있기에 존중받아야 하고 자기 실현을 위한 기회를 동등하게 부여받아야 한다.[58] 한국의 다문화는 민족중심의 동화주의 속성에 기반하고 있으며 주로 이주민에게 자국어를 가르치는 일부터 시작한다는 유사점이 있다. 그래서 '다문화(多文化)는 이문화(異文化)'라는 성격이 두드러진다. 이로 인해 다양성을 인정하고 존중하는 다문화 본연의 성격이나 다문화의 본질보다는 나와 '다른 것은 틀린 것'이기에 틀림을 수정 보완해야 한다는 접근이 주를 이루고 있다.

다문화(多文化)는 양적으로 풍성하고 많음(多量)을 의미한다. 동시에 다문화는 질적으로 서로 다름(異質)의 성격을 지니고 있다. 또한 다문화는 양과 질의 통합으로서 다양(多樣)을 포괄하고 있다. 다양성은 사회를 풍요롭게 하고 사회구성원들이 당면한 문제를 인식하고 해결하는 방식을 창조적으로 구안할 수 있도록 도와준다. 다양성은 모든 이들에게 서로 다른 문화를 경험할 수 있는 기회를 제공함으로써 개인의 자아실현을 북돋아 준다. 개인들이 다양한 문화에 참여할 수 있을 때 그들은 자신의 경험으로부터 더 많은 혜택을 누릴 수 있다. 즉, 양적으로 많다거나 질적으로 다르다는 이문화(異文化) 시각으로 바라보기보다는 통합적이고 융합적인 다양성의 조화를 통해 개인과 사회의 발전을 위한 시너지를 극대화한다는 다문화(多文化) 시각으로의 인식 전환이 중요하다. 다름이 아름다운 세상, 창조적 아이디어와 상호 융합의 시대, 배움의 본성을 지닌 인간 존재들이 서로 존중하고 존중받는 사회가 바로 '살아갈 만하고, 살아줄 만하며, 살아볼 만한' 사회인 것이다.

V. 나오며 : 모든 이를 위한 다문화 교육자본화

인간을 둘러싼 모든 것이 문화 현상이자 배움 현상이다. 문화를 접하고 익히는 작업은 다양한 문화적 콘텍스트(context)에서 생성되고 실행된다. 다문화를 배운다는 것은 새로운 창조와 변형을 위한 소통의 밑거름이 되는 동시에, 평생학습을 위한 교육자본화의 토대가 된다. 배움학의 관점에서 다문화를 재정립하기 위해서는 교육자본화의 패러다임이 필요하다.[59] 교육자본화는 인간의 능력과 관련한 인적자본, 인간의 신뢰에 바탕을 둔 사회자본, 그리고 인간의 배움과 관계된 교육자본을 상호 포섭적이고 상호 관여적으로 연결한 새로운 구상력(構想力)을 의미한다.[60] 교육자본화는 기본적으로 모든 이를 위한 배움의 활성화가 핵심이며, 다문화교육은 이러한 교육자본화를 필요로 한다. 이를 통해 '나, 너, 우리 모두'가 서로 상생하는 살아 있는 배움 공동체가 가능한 것이다.

인간은 누구나 배움의 본능을 타고난 존재로서 호모 에루디티오(Homo Eruditio)다.[61] 모든 이를 위한 평생학습의 교육자본 관점에서 다문화를 바라보면, 외국인 근로자나 그들의 자녀들 역시 각자력을 가진 양질의 인적자원으로 간주된다. 평생교육에서는 단순히 우리나라에 거주하는 외국인들을 이 사회에 적응시키고 일을 부여하기 위한 교육으로 다문화교육을 상정하지 않는다. 오히려 그들이 가지고 있는 능력을 극대화하고 그들의 능력을 인정하여 이 사회에 기여할 수 있는 양질의 인적자원이 되도록 스스로 개조할 수 있는 기회와 능력을 증진시켜 주는 것이 새로운 다문화교육의 원리다. 또한 그들의 문화 속에서 사회의 발전에 도움이 되는 성향들을 발견하여 통합적으로 연구하고 받아들임으로써 좀 더 다양한 시각에서 미래 사회를 예측하고 대비하는 기대들로 간주하는 것이 다문화교육이 추구해야 하는 목적이자 목표다.

한국에 거주하는 외국인 근로자와 그 가족의 수는 기하급수적으로 늘고 있다. 이들을 값싸고 잠시 머물다 가는 인적자원으로 간주하면 더 이상의 그 어떤 공간이나 관계 활동의 교육자본도 필요가 없게 된다. 그러나 관점을 바꿔 그들이 자신들의 각자력을 각 일터에서 최대한 발휘하고 사회에서 능력을 발휘할 수 있는 인적자원으로 스스로 리포매팅(reformatting)하도록 하기 위해서는 교육자본화의 노력이 필요하다. 그들에 대한 불신을 믿음과 의식소통의 사회자본으로 확장하고, 그들을 사회의 중요한 인적자원으로 가꾸기 위한 교육자본을 확충하면 사회는 다문화사회로서 국가경쟁력을 확보하는 강점을 갖게 된다. 다문화에 대한 새로운 개념 정립은 '다가올 미래'를 준비하고 예견하고 대비하는 수준을 넘어서서 '오래된 미래'를 발굴하고 개척하고 창조해 나갈 수 있는 새로운 동력을 창출해 내는 작업이다.

다문화 비교 논쟁

문화는 어느 특정 집단에 속하는 사람들이 공유하는 의미이며 가치체계이고 삶의 방식이다.[62] 어떤 문화는 그 사회를 유지하는 규범으로 민족적 정체성을 구성한다. 다문화주의에서 문화는 개인이 태어날 때부터 갖는 집단적 정체성으로 한 집단 내에 개인들이 가지는 다양성과 차이보다는 그 집단의 공동체적 특성이 주요 관심사다.[63] 다문화 비교 논쟁에서는 한국과 일본의 다문화교육 현황과 인식의 비교를 통해 두 국가가 가진 다문화에 대한 본질적인 개념을 확인하는 동시에 서로의 차별성을 이해하고 상호 존중하는 문화를 정립해 나가는 데 기여하고자 하였다. 이를 위해 한국과 일본에서 논의되고 있는 다문화교육에 대한 현황과 문제점, 주요 교육대상에 따른 정책과 관련 제도 등을 살펴봄으로써 다문화와 관련한 담론들이 어떻게 실천되고 있는지를 점검하였다. 이를 통해, 한국과 일본 두 국가의 다문화에 대한 공통적이고 대조적인 문제의식과 개념 정의, 교육 제도 등을 비교 검토하여 평생 배움 시대의 다문화교육을 제안하였다.[64]

I. 들어가며

세계화는 차별과 편견에서 벗어나 인간의 존엄성과 가치를 소중히 하며, 서로에 대한 관심과 배려로 자유롭게 소통하는 공간과 태도를 지향하고 있다. 이러한 가치 속에서 다문화사회로의 변화는 지구촌 식구들에게 또 다른 의미와 생각할 거리를 주고 있다. 한국과 일본은 과거 단일민족의식을 바탕으로 '우리'와 '타인'의 관계에 경계선을 그으며 외국인들에게 차별과 소외의 경험을 주어왔다. 이를 위해 외국인들로 하여금 사회에 잘 적응하고 동화되어 융합하도록 하는 정책을 시행해 왔다.

그러나 한국과 일본은 점차 다문화에 대해 인식의 변화를 보이기 시작했다. 한국의 변화 동기는 농촌 총각들의 국제결혼 문제와 더불어 2006년 하인즈 워드 방한을 들 수 있다. 이는 한국이 점차 단일민족이라는 의식에서 벗어나 당사자의 인식과 판단을 중요하게 여기는 계기가 되었다. 일본은 1995년 대지진 발생 이후, 위기 상황 속에서 신속하게 대처하는 활동을 통해 공생의 중요성을 깨닫게 되었다. 이를 통해 외국인을 단지 방문객이 아니라 같은 삶 속에서 함께 호흡하는 시민으로서 그들의 가치관과 문화를 존중하고 더불어 살아가는 사회를 실현해 나가기 위한 노력을 하게 되었다.

이러한 의식의 변화에도 불구하고, 다문화사회가 직면하고 있는 교육적 과제는 다양하다. 예를 들어, 이주근로자나 결혼이주 가정의 자녀들과 지역사회에 대한 교육 문제가 그것이다. 이런 문제는 개인의 수준에 멈추지 않고 지역사회와 국가적 차원으로 확대 재생산될 가능성이 커지고 있다. 지금까지 다문화사회에 대비한 교육을 시행해 왔음에도 불구하고, 다문화교육은 문제점을 가지고 있다. 한국의 경우, 첫째, 다문화교육의 대상을 균등하게 선정하여 교육하는 문제를 가지고 있다. 둘째, 다문화에 대한 개념을 혼재하여 사용하고 있으며 그 속에 철학이 부재한 상태다. 셋째, 다문화교육이 주로 학교공간을 중심으로 진행되고 있다. 학교중심의 편향된 대상을 위한 다문화교육의 문제점은 새로운 해체와 재구성의 단초를 제공한다.

II. 한국의 다문화교육

1970년대 동화주의와 문화상대주의의 한계에 대한 대안으로 등장한 것이 다문화주의 이론이다.[65] 다문화주의는 다양한 문화의 공존을 인정하고 이들이 만들어 내는 생산적 창의성을 긍정적으로 수용하는 문화주의 이론이다. 다문화주의는 문화 간의 격차를 인정하고 다른 문화에 대한 이질성을 해소할 수 있는 바람직한 규범이며 향후 한국 사회가 실현해야 할 목표이기도 하다. 다문화주의는 여러 문화가 상호 공존하는 것을 목표로 문화 다양성을 보장할 수 있는 환경과 구조를 만들어 가는 정책을 펼치려는 사고의 틀이다.[66]

1. 한국 다문화교육의 현황과 한계

한국은 1970년대 노동력을 외국으로 보내는 유출국이었으나 1980년대부터 노동인구가 국내로 들어오는 유입국이 되었다. 1980년대 후반 산업연수제도로 인해 외국인 근로자들이 유입되었으나 불법체류, 인권침해 등의 사회문제로 인해 2004년 고용허가제도가 시행되기에 이르렀다. 한국의 인력수급제도는 이민제도가 아니라 단기간 고용 후 본국으로 보내는 이주노동자제도이다. 그러나 많은 노동자가 불법체류자로 남거나 내국인과의 결혼 등을 통해 한국에 남게 되면서 새로운 이주 집단으로 존재하게 되었다.

1990년대 말부터 증가한 중국과 동남아 출신 결혼이주여성들은 일시적 체류자인 외국인 근로자와는 다른 상황으로 다가왔다. 또한 1992년 한중 수교 이후 조선족으로 불리는 한국계 중국인과 한국계 외국인이 입국하면서 혈통과 문화적 배경을 공유하는 이주민 집단이 유입되었다. 이들은 출신국가와 일정 관계를 유지하면서 다른 국가에 장기간 거주하는 복합적인 정체성을 지니고 있다. 민족적・문화적 배경이 다른 배우자 사이에 태어난 자녀들이 학교라는 공간에 등장하면서 다문화교육의 필요성이 대두되었다.

2007년 고시된 개정교육과정의 총론에서는 다문화교육을 35개 범교과 학습주제로 제시하고 있다. 이는 한국 사회가 다문화시대로 이행하고 있다는 인식을 근거로 교육에서도 이러한 내용을 반영하려는 의지를 드러내는 것이다. 하지만 개정교육과정에 반영된 다문화교육은 학교교육과정에 어느 정도의 변화를 요구하고 있는지 명확하게 제시되지 않았으며 민족주의에 기초한 기존 교육과정과의 차별화에 대한 내용이 충분히 부각되지 않았다

한국은 학교교사, 현장전문가, 다문화 관련 연구자들 사이에서 다문화교육이 무엇인지에 대한 명확한 개념 정립이 되어 있지 않고 상호 유사한 개념들이 혼용되고 있는 실정이다.[67] 이런 가운데 다문화교육의 필요성과 중요성이 강조됨에 따라 현장과 연구 사이의 혼란이 가중되고 있다.

한국 다문화교육에서 광범위하게 발견할 수 있는 지배적인 이해방식 중 하나는 인종적 소수자를 대상으로 하는 교육을 다문화교육이라고 바라보는 것이다. 다문화교육을 다문화가정 자녀, 특히 외국인 근로자 자녀나 결혼이민자 자녀를 대상으로 하는 한국어, 한국 문화 교육을 의미하는

것으로, 이는 한국 사회와 한국 문화에 적응하기 위한 동화주의적인 입장에서의 접근방식을 기본 바탕으로 한다. 이는 다문화교육을 '한국화 교육', '한국어 및 한국 문화 교육'과 동일시하는 사고를 갖게 할 뿐만 아니라, 단순히 소수 이민자들이 한국 사회에 잘 적응하고 그에 따른 "문제들이 사라지면 다문화교육은 필요 없다"는 사고방식과도 연결될 수 있기에 문제가 되는 것이다.

또한 학교현장과 다문화교육의 운영지침을 마련해야 할 시도교육청에서는 외국어교육, 국제이해교육, 귀국자녀교육 등의 업무를 다문화교육이라고 부르며 개념에 대한 혼란을 가중시키고 있다. 다문화교육에 대한 광범위한 개념의 혼란은 국제이해교육에서 대부분 차용된 현장 전문가와 연구자의 개념, 내용, 방법들에서 비롯된다.[68] 또한 문화인류학자들이 이해하는 문화상대주의나[69] 다문화주의를 바탕으로 하는 타문화이해교육 중심의 다문화교육도 혼란을 가중시키는 원인이 되고 있다.

2. 한국 다문화교육의 주요 대상 : 외국인 근로자, 결혼이주여성, 북한이탈주민 중심

한국에서 다문화가정이란 외국인 근로자 가정 및 그 자녀, 국제결혼가정 및 그 자녀, 북한이탈주민 가정 및 그 자녀 등으로 나눌 수 있다.[70] '외국인 근로자 가정 및 자녀'란 외국인 근로자인 남성과 여성이 한국에서 결혼하여 이루어진 가정 및 그 자녀, 외국인 남성과 여성이 그들의 자국에서 결혼 후 한국에 이주한 가정 및 자녀, 외국인 근로자로서 결혼하지 않고 단독으로 또는 동료와 함께 생활하는 가정을 말한다. '국제결혼 가정 및 그 자녀'란 한국인 남성과 외국인 여성의 결혼으로 이루어진 가정 및 자녀와 한국인 여성과 외국인 남성의 결혼으로 이루어진 가정 및 자녀를 말한다. '북한이탈주민 가정 및 자녀'란 탈북자 출신의 남성과 여성의 결합으로 이루어진 가정 및 그 자녀가 한국에 입국한 경우, 탈북자 출신의 남성 및 여성이 한국에 입국 후 한국의 여성 또는 남성과 결합하여 이룬 가정 및 그 자녀, 탈북자 출신으로 결혼하지 않고 단독으로 또는 동료와 함께 생활하는 가정을 말한다.[71] 향후 다문화가정 자녀의 수는 지속적으로 늘어날 전망이며 이들 가운데 상당수는 사회적 취약계층을 차지할 가능성이 높다. 이로 인해 한국 사회가 지불해야 할 사회적 비용이 증가할 것을 대비할 필요가 높아지는 것이다.

그러나 현실적으로 다문화교육의 주체에 관해 논의할 때, 그 주체의 폭은 점점 좁아지고 있다. 현재 한국에서 공식적인 다문화교육의 주체는 결혼이주민과 그 자녀밖에 없다.[72] 다문화교육의 주체에 관한 논의가 교육적 논의에서 이루어지지 못하고, 정치적 논리에 의해 주도되기 때문에 벌어진 일이다.[73] 한국의 이주민들 중 내부자로 인정되고 있는 유일한 부류가 결혼이주민이라는 사실이 이를 증명한다. 결혼이주민들과 그 자녀들을 동화시켜 저소득층 남성의 결혼 문제와 저출산 문제를 해결하려는 정치적 의도가 그들에게만 다문화교육을 허락하는 결과를 낳은 것이다.[74] 다문화교육의 주체가 결혼이주민과 그 자녀로만 한정되면서 이주노동자와 그들의 가족, 탈북자와 망명자, 난민, 그리고 불법체류자들은 다문화교육의 주체가 아닌 배제와 단속의 대상으로 전락해 버렸다. 자연히 그들의 생활과 경험, 그리고 그들의 법적·사회적·교육적 문제에 대해서는 무지하고 무관심해질 수밖에 없다.

다문화교육 주체와 대상에 대한 제한은 다문화교육의 가치와 내용을 단일화시키고 그 내용을 일반화시키는 결과를 낳았다.[75] 다문화교육의 가치는 동화주의로, 그 내용은 결혼이주민에 대한 한글교육과 일회성 문화체험행사로 단일화되었다. 이들을 한국 사회에 적응시키고 동화시키는 데 필요한 한글교육과 문화교육이 다문화교육의 전부가 되어버린 것이다. 국가 주도, 시민사회단체 주도 다문화교육 내용의 87%가 한글교육과 문화교육이라는 점이 이를 증명한다.[76)]

III. 일본의 다문화교육

일본은 외국인의 위상에 관한 문제에 직면하고 있다. 1990년대에 이민법의 개정으로 해외 일본인의 귀국이 이루어졌고, 이란, 방글라데시, 중국 등 아시아 국가 출신 노동자들이 3D 업종을 중심으로 산업현장에 자리 잡기 시작했다. 1990년대 중반에 160만 명에 달하는 외국인이 일본에 거주하고 있었고 이후 그 숫자는 지속적으로 증가하였다. 2006년 일본의 외국인 등록국적은 188개 국가로 한국과 조선인이 전체의 28.7%, 중국, 브리질, 필리핀, 페루, 미국 등이 그 뒤를 따랐다. 이는 올드커머(old comers)가 감소하는 반면, 뉴커머(new comers)가 증가하는 것을 나타낸다. 2006년 일본 내 외국인 등록자 수는 208만 명으로 전체 인구의 1.63%를 차지했다.[77)]

1. 일본 다문화교육의 현황과 한계

1970년대까지 일본의 외국인 거주민 대부분은 재일한국 및 북한인, 즉 제2차 세계대전 이후부터 일본에 체류한 한반도 출신자와 그 자손들이었다. 그러나 1980년 이후 경제활동의 세계화가 진전됨에 따라 외국인들의 활동이 활발하게 나타났다. 일본 정부가 중국 귀국자 및 인도차이나 난민을 받아들이고, 또한 해외 유학생을 받아들이는 계획을 추진함에 따라

유학생의 대량 유입으로 일본의 외국인 수는 증가해 갔다.[78)]

1980년대 이후 뉴커머의 이주가 늘어가게 되자 일본은 '입관법'으로 외국인 근로자를 관리했다. 국내의 부족한 노동인력을 외국인 근로자로 대체하였지만 재외 일본인 2세, 3세에게는 정주자격을 부여한 반면, 비 일본계 외국인에게는 엄격한 취업 제한 및 체류기한을 적용하였다.[79)] 이러한 정책적 폐쇄성은 일본이 근대화 과정에서 추진해 온 민족주의에 기반하고 있다. 제2차 세계대전 이후 일본은 서구 문화를 능동적으로 받아들인 데 비해 재일 동양인과 그들의 문화를 멸시하는 인종 및 문화 차별을 실시하였다.[80)] 일본은 자국민의 해외유출이나 진출에서 오는 문제보다는 자국 내에서 진행되고 있는 다민족과 다문화 공존 문제가 국가 차원에서 심각한 과제로 등장했던 것이다.[81)]

1990년 출입국관리 및 난민 인정법 개정에 의해 일본계 남미인의 유입이 촉진되었다. 특히 브라질인들의 증가가 두드러져서 아이치현, 시즈오카현, 군마현 등 제조업 활성화 지역에서는 간접고용의 형태에 의한 수용이 늘어났다. 이러한 과정을 통해 1980년대부터 증가한 뉴커머(new comers) 중에는 정주화가 진행되고 국제결혼도 늘어 영주자격과 일본국적을 취득하는 이들이 증가해 갔다.

국제인권규약을 비준하고 난민의 지위에 관한 조약에 가입함으로써 사회보장 분야를 중심으로 내외국인 평등이 어느 정도 실현되었지만 생활자로서의 외국인들은 계속해서 곤란을 겪고 있다. 특히 뉴커머 중에는 일본어를 이해 못하는 사람이 있어 의사소통이 곤란한 문제가 발생했다. 또한 문화와 습관의 차이로 인한 생활의 곤란과 일본 행정제도와 지역에 관한 지식의 부족으로 인해 일본 주민과 동등한 행정 서비스를 받지 못하는 경우도 많았다.

일본의 다문화정책을 대표하는 용어는 '다문화 공생'이다. 이 용어는 뉴커머의 급증에 따라 시민단체들이 사용하기 시작하였으며, 1990년대 대다수의 지방자치단체가 외국인 정책의 핵심으로 채택하였다. 다문화 공생의 목표는 중앙 수준과 지방 수준으로 나누어 볼 수 있는데, 중앙정부는 다문화 정책에 있어서 지방에 비해 소극적인 데 비해, 지방은 다문화 공생을 보다 적극적으로 추진해 왔다. 특히 정주 외국인의 수가 많은 지역에서는 다문화 공생이 지역사회의 유지와 발전을 위해 불가피한 측면이 컸다.

아직까지 이러한 정책은 '차이의 인정'이라든지 '상호 존중'과 같은 원론적인 선언 이상으로 나아가기 어려운 수준이다. 언어문제의 해결을 돕기 위한 일본어 교육이나 행정서비스 개선 수준에 머물러 있을 뿐이다.[82] 따라서 이주 외국인들의 사회적 권리나 정치적 참여와 같은 구조적 대처 방안은 앞으로도 지속적으로 추진해야 할 과제라 할 수 있다. 또한 지역사회에 있어서 일본인 주민과 외국인 주민 사이에 알력이 생기는 문제도 적지 않다. 주거와 일을 찾는 외국인 주민에 대한 차별문제, 재일 한국 북한인의 고령자 복지와 개호 등 사회보장 문제, 외국인 부모의 자녀들의 정체성 문제와 외국인 주민들의 사회참여 문제 등이 계속해서 지적되고 있는 실정이다.

기존에 일본은 노동허가제를 실시하고 이주자들에 대한 특별한 사회정책을 취하지 않았으며, 재일 한국인과 아이누족, 소수민족 문제 등 전통적으로 차별배제에 기반한 사회정책을 펼쳐왔다. 교육에 있어서도 배타적 동화교육에 치우쳐 왔으나, 최근 브라질 등 귀국자녀 교육 프로그램에서 다문화교육을 실시하고 다문화 공생 센터를 설립하는 등 변화를 시도하고 있다.[83]

주목할 만한 것은 외국 이주민 학생들을 위해 학교에서 방과 후에 일본어 및 외국어 교실을 열어 언어교육을 지원하고, 학교에 다문화가정 학생을 돕는 학습도우미 교사를 배치하여 1:1 교육지원을 하는 등 다문화교육에 힘쓰고 있다는 점이다. 그리고 학교 밖에서 민간단체와 기구들이 기본인권교육을 실시하고, 학교에 다니지 않는 비제도권 이주민 자녀들을 위해 진로 및 진학 상담 등의 지원 사업들을 실시한다는 점도 특징적이다.

지방자치단체들도 다문화교육을 위해 움직이고 있다. 즉, 가와사키 시는 재일 외국인 교육 기본 방침과 다문화 공생사회 추진 지침을 마련하였고, 고베 시는 외국인 아동생도 교육에 관한 기본 방침과 인권교육개발에 관한 기본계획 등을 수립하여 다문화교육을 위한 법적·제도적 기반을 갖추려고 노력하고 있다.[84]

2. 일본 다문화교육의 주요 대상 : 뉴커머, 올드커머, 선주민(先住民) 중심

일본 다문화교육의 대상은 주류 일본인 이외에 뉴커머, 올드커머, 선주민 등이다.[85] 뉴커머(new comers)란 일본 사회에 역사상 처음으로 다문화교육의 필요성을 인식시킨 인도차이나 난민, 중국 귀국 고아 및 여성의 2세 및 3세, 남미 일본인 2세와 3세 등을 지칭한다.[86] 뉴커머의 다문화교육과 관련된 일본 사회의 태도는 '태동'이라고 특징지을 수 있다. 즉, 역사상 처음으로 일본 사회와 국가가 다문화교육의 필요성을 인식하고 그 영향과 중요성에 착안하여 다문화교육을 시도하고 있다는 점이다. 그러나 이 인식은 자발적인 측면보다는 인도차이나 난민에 대한 무관심, 무대책에 대한 서방 언론의 비판을 통해 일깨워진 외부적인 측면이 크다고 할 수 있다.

올드커머(old comers)란 다른 민족 집단보다 일본 체류의 역사가 긴 외국인 집단인 한국계 및 북한계 교포와 화교를 지칭한다. 이들에 대한 일본 사회의 반응은 '동화'였다. 아시아 제국주의를 표방했던 일본은 한국인과 대만인들을 황국신민화하였고 각 나라가 독립한 이후 일본에 남게 된 재일교포와 화교는 잃어버렸던 민족의 고유성을 되찾고 유지하기 위해 민족교육을 실시해 왔다. 이에 대한 일본 사회의 태도는 전쟁 전과 마찬가지로 일관되게 일본 사회로의 동화였다. 이들에 대한 사회적 차별은 일본 사회가 반드시 해결해야 할 문제임에 틀림없다.

선주민(先住民)이란 부라쿠민, 아이누, 오키나와인 등을 통칭하는 집단이다. 아이누와 오키나와인은 현재 일본인의 호적과 국적을 가지고 있으나, 본래는 일본인의 주종을 이루는 야마토 민족과는 인종을 달리한다. 반면에 부라쿠민은 민족적으로나 국적 면에서 순수한 일본인이지만, 오랫동안 차별을 받은 역사가 있으며 현재도 그 차별로 인해 일본 내 사회 전반에 걸친 활동에 제한과 불이익을 받고 있다. 서로의 차이를 인정하고 문화집단으로서 각 인종의 가치를 존중하는 것이 다문화교육의 중요한 철학적 전제임을 고려할 때, 이들 선주민에 대한 일본 사회의 태도는 '무의식 또는 묵살'이라고 할 수 있다. 자신들을 위해 국가적으로나 국제적으로나 그 어떤 조처를 취해줄 정부를 가지지 못한 일본 선주민들이야말로 가장 불리한 입장에 처해 있는 것이다.

Ⅳ. 한국과 일본의 다문화교육 비교 : 異文化로부터 多文化로의 전환

한국과 일본의 다문화교육은 민족중심의 동화주의 속성에 기반하고 있으며 주로 이주민에게 자국어를 가르치는 일부터 시작한다는 유사점이 있다. 말하자면, '다문화(多文化)는 이문화(異文化)'라는 성격이 두드러진다. 이는 다양성을 인정하고 존중하는 다문화 본연의 성격과 본질과는 궤를 달리한다. 즉, 나와 '다른 것은 틀린 것'이므로 그 틀림을 나와 동일하게 수정해야 한다는 시각과 접근이 주류를 이룬다는 공통점을 지적할 수 있다.

그럼에도 불구하고, 한국과 일본은 그 시행 주체에서 차이를 보이고 있다. 한국은 주로 관 주도적으로 다문화교육을 정책화하고 있으나, 일본은 지역자치단체가 생활문제 해결을 위해 움직이기 시작했다는 점이 서로 다르다. 또한 자국어 교육에 있어서 일본은 영어권 문화로의 확대를 교육과정에서 거론하고 있는 것에서 서로 차이가 있고, 일본에서 결혼은 개인의 문제이기 때문에 사생활 보호라는 차원에서 사회적 문제로 다루지 않고 있다는 점에서도 한국과는 차이가 있다.

다문화교육은 나라마다 상황이 다르고 중심과제가 다르기는 하지만, 근본적으로는 '중심부'와 '주변부'의 문제이며[87] 힘의 문제이기에 교육문제도 정치적 관점으로 분석하고 해결해야 할 필요가 있다. 한국과 일본은 아직 교육현장에서 이주자녀를 위한 교육을 구체화하고 있지 못하다. 한국과 일본 두 나라가 성공적인 다문화 국가로 가기 위해서는 보다 적극적인 국가적 준비와 사회 문화적 통합을 위한 다양한 다문화교육 프로그램을 구비할 필요가 있다.

V. 나오며 : '다름의 배움학', 평생 배움 시대의 다문화교육

인간은 배움의 본성을 타고난 존재다. 그래서 이를 호모 에루디티오(Homo Eruditio)라고 부른다.[88] 평생교육에서는 배움을 가르침의 결과에 따른 부산물로 파악하지 않는다. 인간이 가진 본성, 즉 그 누구도 어쩔 수 없는 인간의 본성으로 간주한다. 인간은 누구든 배움의 씨앗을 가지고 태어나기에 배울 수밖에 없다. 생존을 위해 배우고, 새롭게 삶을 개조(reformatting)하여 긍정적인 미래를 만들기 위해 평생 배운다. 언제 어디서나 그 누구든지 배울 수 있는 것이다.

평생교육의 개념이 이러하기에 평생학습사회의 화두는 '배움(erudition)'이다. 인간에게 배움은 자연(自然)과도 같은 현상이다. 문화가 형성되는 과정과도 같다. 인간이 다른 동물과 확연하게 구별되는 생존력은 인간 본능의 배움력 때문이다. 삶이 끝나는 순간까지 계속되는 인간의 배움력은 단순한 생존을 넘어서 배움의 문화적 환경을 만들어 내는 일까지 가능하게 한다. 인간에게 있어서 배움은 생물학적인 본능인 동시에 문화적 산물인 것이다.[89)]

평생 배움 시대의 다문화교육은 배움을 통해 다양한 문화에 대한 똘레랑스의 관용적 태도를 함양하고 올바른 이해와 발전적 수용을 장려하는 동시에 자신이 속한 사회에 대한 비교 문화적 성찰을 가능하게 한다.[90)] 그러기에 평생 배움 시대의 다문화교육은 '다름의 배움학'을 추구한다. '다름의 배움학'은 기존의 다문화 개념이 지니고 있는 한계에서 벗어나 창조적인 각자력과 소통력의 증진을 요구한다. 각자 배움의 힘을 증진할 뿐만 아니라 서로 간의 상호 포용과 똘레랑스(tolerance)를 추구하고 서로의 소통과 이해를 통한 의식소통(inter-experience)을 필요로 한다. 다문화는 결국 서로 다름에 대한 이해를 바탕으로 더불어 살아가는 방법을 체득하고 서로 성장한다는 의미를 반추(reflection)할 수 있는 계기를 제공한다.

평생 배움 시대의 다문화교육을 제대로 이해하기 위해서는 정적(靜的)인 상태로서뿐만 아니라 동적(動的)인 활동으로서 다양한 문화와 그것을 받아들이고 견디고 만들어 내기 위한 과정으로서 소통이 중요하다. 평생 배움 시대는 언제 어디서든지 그 누구라도 자신의 관심사를 펼쳐 보이며 탐색(探索)하고 탐독(耽讀)하고 탐구(探究)할 수 있는 다양성과 창조성의 시대이며, 그 중심에는 다양성과 창조성을 강조하며 상호 소통을 추구하는 다문화교육으로서 '다름의 배움학'이 존재하기 때문이다.

다문화 소통 논쟁

다문화 소통 논쟁은 다문화가정 자녀들의 소통 방법은 무엇이고, 이들 사이의 소통을 저해하는 요소는 무엇일까라는 의문에서 출발했다. 이들 다문화가정 자녀들의 소통 과정에서 관찰한 내용을 분석 정리하면, 먼저 소통 방법은 언어적 소통 방법과 비언어적 소통 방법으로 나눌 수 있으며, 언어적 소통 방법으로 말과 글을, 비언어적 소통 방법으로 몸짓, 접촉, 그리기 등을 활용하고 있다. 그 다음으로, 소통 저해요소 또한 언어적 저해요소와 비언어적 저해요소로 구분할 수 있는데, 언어적 저해요소로는 다른 언어 사용하기, 빈정거림, 욕설과 비속어 등이 나타났고, 비언어적 저해요소로는 무시와 무관심, 사라지기, 분노표출 등이 나타났다. 향후 다문화가정 자녀들의 학교생활과 사회생활에서 필요로 하는 다양한 교육 프로그램의 개발과 실행이 필요할 뿐만 아니라, 다문화가정 자녀들의 특징과 장점을 발굴해 내고 건강하게 드러낼 수 있는 교육적·사회적·정책적 노력들이 요구된다.[91]

I. 들어가며

부모, 또래, 교사와의 관계는 아동의 성장과 발달에 중요한 영향을 끼치는 요소다. 아동의 사회적·심리적 적응에 또래관계나 가족관계는 중요한 변수다. 또래나 가족과 애착관계를 형성하고 이들로부터 사회적 지지를 받는 것이 아동의 사회 적응과 발달에 긍정적인 영향을 미치기 때문이다.[92] 그 가운데서 또래집단 간의 관계는 아동들의 사회성 발달, 정체성 형성, 지적 발달 등에 결정적인 영향을 미친다.[93]

현재 그 수가 날로 증가하고 있는 다문화가정 자녀들에게 있어서 또래관계는 중요한 발달 영역의 하나인 동시에, 한국 사회에 적응하는 데 필요한 중요 요소 중 하나다.[94] 또래와의 친밀한 관계 형성을 통해 학교생활에 재미를 느끼게 되면 보다 용이하게 학교생활에 적응할 수 있다. 그러나 학교에서나 공동체 내에서 다문화가정 자녀들은 다문화가정 자녀이기 때문에 또래와 소극적인 상호작용을 할 수밖에 없는 상황에 놓일 수 있다. 이로 인해 친구관계 형성에 어려움을 겪게 되고 사회성 발달과 성격 발달에까지 문제를 야기할 수 있다.[95] 또래와의 원만하지 못한 관계로 인해 학교를 그만두고 학교 밖에 머무르게 되며, 결국에는 교육환경 밖으로 벗어나게 되는 것이다.

다문화가정 자녀들은 또래관계에 문제가 생길 때 심리적 위축과 자신감 상실 등 정서 발달에 좋지 않은 결과를 초래하고, 무단결석이나 가출, 폭력 등에 노출되게 된다.[96] 다문화가정 자녀들 중 일부는 초등학교에 입학할 때 소통의 어려움으로 인해 자기 나이보다 어린 학년에 편입되기도 한다. 또한 다문화가정 자녀들은 한국인 부모가정 자녀들보다 수업내용의 이해나 활용 면에서 뒤떨어지는 경우도 있다. 이는 학교 공간에서 정체성 형성과 학교적응, 또래관계 형성에 방해요소로 작용한다.[97] 다문화가정 자녀들의 생활적응에 있어서 또래와의 수용과 지지는 중요한 역할을 하며,[98] 또래와의 소통은 또래관계 형성에 직접적인 영향을 준다.

그동안 다문화가정 자녀에 대한 연구는 주로 이들의 학교생활이나 한국 사회에서의 어려움과 문제점을 드러내는 연구가 주를 이루었다.[99] 이들은 다문화가정 자녀들은 정체성에 혼란을 겪고 또래관계, 언어문제, 경제수준, 사회적 무관심, 부모의 무관심 등 문제 상황에 직면해 있다고 밝히고 있다. 이를 해결하기 위한 대안으로는 주로 교육정책의 마련, 다문화가정에 대한 교육지원, 적응지원, 시민교육 등이 제시되어 왔다. 다문화가정 자녀에 대한 연구와 대안 마련으로 다문화정책의 발전과 학교와 지역사회 다문화가정에 대한 지원이 다방면으로 이루어지는 데 도움을 주었다.

이들 연구 중에는 다문화가정 자녀들의 또래관계의 중요성을 언급하면서 또래의 지지가 적응과 정체성 문제 해결의 계기가 될 수 있음을 지적한 연구들이 있다.[100] 또한 다문화가정 자녀 또래관계의 상호작용에 관한 연구도 있다. 다문화가정 자녀들의 상호작용은 협동놀이보다는 혼자놀이 위주였고, 짧은 대화나 혼잣말이 많아 상호보완적인 관계 형성에 어려움을 보이고,[101] 다문화가정 자녀의 또래관계는 사회성 발달에 중요한 역할을 하며 자아정체성에 영향을 주며,[102] 다문화가정 자녀의 상호작용 행동유형을 주변탐색형, 모방하기형, 관심끌기형, 무력사용형 등으로 구분하여 분석하고, 다문화가정 자녀들의 바람직한 소통과 사회적 기술습득을 위한 프로그램의 개발과 교육, 가족지원이 필요함을 언급하였다.[103]

대부분의 연구들이 다문화가정 자녀의 또래관계와 상호작용의 중요성을 언급하고 있음에도 불구하고, 이들 연구에서는 다문화가정 자녀들이 또래와의 상호작용 속에서 구체적으로 어떤 소통 방법을 활용하고 있으며, 이들 사이의 소통을 저해하는 요소들은 무엇인지에 대한 언급은 전무

한 실정이다. 다문화가정 자녀들을 이해하고 이들이 건전한 사회인으로 성장할 수 있도록 조력하기 위해서는 이들의 소통 방법과 저해요소에 대한 분석이 필요하다.[104)]

II. 다문화가정 자녀의 특성과 또래관계

다문화가정 자녀를 정의하는 방식에는 약간의 차이가 있지만, 일반적으로 다문화가정 자녀를 국제결혼 가정 자녀, 외국인 근로자 가정 자녀, 북한이탈주민 가정 자녀 등으로 구분하고 있으며,[105)] 교육부와 같은 정부기관에서는 국제결혼 가정 자녀와 외국인 근로자 가정 자녀만을 다문화가정 자녀에 포함시키고 있다.[106)] 교육부의 2010년 4월 자료에 따르면, 초・중・고에 재학 중인 국제결혼 가정 자녀는 30,040명, 외국인 근로자 가정 자녀는 1,748명으로 나타났다. 학교 밖 다문화가정 자녀들을 포함한다면 그 수는 더 많을 것으로 예상되며, 저출산 고령화의 인구구조 변화 속에서 다문화가정 자녀들의 비율은 점점 더 증가할 것으로 예상된다.

1. 다문화가정 자녀의 특성

한국에서 생활하는 다문화가정 자녀들의 특성은 크게 세 가지로 구분할 수 있다. 첫째, 다문화가정 자녀들은 정체성의 혼란을 경험하고 있다.[107)] 개인마다 경중의 차이는 있지만 가정과 사회 환경 차이에서 오는 문화적 충격은 다문화가정 자녀들로 하여금 정체성 혼란을 경험하게 한다.[108)] 결혼이주여성들은 사회 문화적 환경 차이로 인해 정체성 형성에 어려움을 겪고 있으며, 이는 그들 자녀들의 정체성 형성에도 영향을 미친다.[109] 외국인 이민자들이 다국적 정체성을 갖는 것과 마찬가지로[110] 결혼이주민들도 사회적·문화적·개인적 정체성의 혼란을 겪는다.[111] 정체성 혼란을 겪는 이유는 부모 중 한쪽 이상이 한국인이 아니거나, 외모가 또래와 다르다고 느끼는 데서 기인한다.[112] 몇몇 다문화가정 자녀들은 이름을 한국이름과 외국이름으로 각각 가지고 있어서 자신의 상황에 따라 다르게 정체화하기도 한다.[113] 이처럼 다문화가정 자녀들은 비교적 어린 나이에 자신의 정체성에 대한 혼란을 겪고 있다.

둘째, 다문화가정 자녀들은 언어적 어려움을 겪고 있다. 외국인 근로자 가정 자녀들이 초기에 겪는 가장 큰 문제는 언어적 어려움이다. 학교 성적이 낮은 것도 한국어 능력이 다른 아동들보다 뒤떨어지기 때문이다.[114] 국제결혼가정 자녀들은 일상적인 소통은 문제가 없지만 받아쓰기, 작문 등의 학업능력이 떨어지는 것으로 나타났다.[115] 부모 중 한 명 이상이 외국인이기 때문에 한국인 부모가정 자녀들과 달리 가정에서의 언어교육이 미흡한 실정이다.[116] 언어능력의 차이는 학교생활 적응이나 학습부진에 영향을 미치는 동시에, 타인과의 소통 문제와도 연결된다.[117] 언어구사력의 부족으로 인해 또래집단과의 의사소통에 어려움을 겪게 되고, 이는 따돌림으로까지 이어질 수 있다.[118]

셋째, 다문화가정 자녀들은 학습능력 부진, 부정적 인식, 편견과 놀림, 외모, 교사나 또래의 무시 등으로 인해 학교 안과 밖에서 어려움을 겪고 있다.[119] 다문화가정 자녀 중 한국어에 능통하고 한국인과 모양새가 다르지 않은 아동은 또래관계에 거의 문제가 없는 편이지만, 피부색이 다르거나 한국어가 어눌한 경우, 다문화적 배경으로 인해 차별과 놀림, 따돌림의 대상이 된다.[120] 다문화가정 자녀의 학교생활 적응에는 교사의 관심이 중요하게 작용하며, 또래와의 원만한 교우관계 또한 중요한 영향을 미친다. 한국어 능력과 상관없이 또래관계의 돈독함은 학교생활 적응에 긍정

적인 영향을 주기 때문이다.[121]

이렇듯 다문화가정 자녀들은 다문화라는 특성으로 여러 어려움을 겪고 있으며, 학교 안팎에서 또래나 주변인들로부터 무시와 차별을 당하고 있다. 또래와의 관계는 한국인 부모가정 자녀뿐만 아니라 다문화가정 자녀에게도 중요한 영향을 미치기에, 다문화가정 자녀들의 또래관계와 소통방법 및 그 저해요소를 살펴보는 작업은 아무리 강조해도 지나치지 않다.

2. 다문화가정 자녀의 또래관계와 소통

소통은 두 사람 이상이 언어적 · 비언어적 수단을 통해 감정, 태도, 사실, 정보, 생각, 행위 등을 전달하는 과정이다.[122] 소통은 크게 수용적 소통과 표현적 소통으로 나눌 수 있는데, 수용적 소통은 언어적 소통을 말하고, 표현적 소통은 비언어적 소통을 의미한다. 언어적 소통은 말과 글로 메시지를 전달하는 데 비해, 비언어적 소통은 말이 아닌 몸짓과 행동, 눈짓, 물건으로 표현하기, 표정, 신체적 접촉, 그림, 조각, 자세 등으로 감정이나 정보를 전달하는 것이다. 또래와의 원활한 소통은 발신자와 수신자 사이의 긍정적 관계 형성에 필수적인 요소다. 이렇듯 두 사람 이상이 언어적 · 비언어적 수단을 통해 자신의 감정이나 태도, 생각 등을 전달하는 행위가 소통 상황이다. 소통의 저해요소는 소통 과정에서 또래 중 누군가의 감정이나 태도를 전달하는 데 방해가 되는 요소가 무엇인지에 대한 관찰 결과다.

또래는 연령과 성숙 수준이 비슷하여 서로 이해하며 상호작용할 수 있는 집단을 말한다.[123] 또래관계는 아동의 사회성을 발달시키고 사회 적응에 도움을 준다. 또래관계를 통해 아동들은 긍정적 자아를 형성해 나갈 수 있다.[124] 또래와의 효과적인 소통은 원만한 또래관계를 유지하는 데 긍정적인 영향을 미친다.[125] 또래 소통은 언어행동과 비언어행동으로 구분할 수 있는데, 언어행동으로는 제안, 부탁, 설명, 거절, 무시, 명령, 놀림 등이 있고, 비언어행동으로는 웃기, 위로하기, 울기, 짜증내기, 화내기, 때리기, 방해하기 등이 있다.[126] 또래 소통은 또래와의 관계 내에서 심리적 안정감을 갖기 위해 필수적이며, 또래관계를 통해서 아동은 상대방의 생각이나 감정을 이해하게 된다. 또래관계는 아동들이 생활해 나가는 데 영향을 미치는 중요한 요소이며, 또래 간 원활한 소통은 또래관계에 긍정적인 영향을 준다.

또래관계는 다문화가정 자녀들의 사회성 발달에도 중요한 영향을 미친다. 긍정적인 또래관계는 다문화가정 자녀들의 학교생활과 사회생활 적응에 긍정적인 영향을 준다.[127] 이들은 학교에서 또래와 긍정적인 관계를 가질 때 학교생활에 흥미를 느끼고 쉽게 적응한다.[128] 또래친구들과의 원만한 관계 형성은 다문화가정 자녀들의 학교생활과 사회 적응에 대한 판단 기준이 되기 때문이다.[129] 다문화가정 자녀들의 경우, 서투른 언어적·비언어적 소통으로 인해 또래와 소극적인 상호작용을 보여 사회성 발달에 문제를 드러내기도 한다.[130]

III. 다문화가정 자녀의 소통 방법

다문화가정 자녀들의 특성과 또래관계에 대한 이해에 이어서, 다문화가정 자녀의 소통 방법에 대해 알아보았는데, 이들의 소통 방법은 크게 언어를 통한 소통과 비언어적 소통으로 구분할 수 있다.

1. 소통 방법

1) 언어적 소통 방법

교실에서의 소통은 말과 글에 의존하게 되며, 교사와 학생, 학생과 학생 사이의 소통은 언어를 매개로 하여 이루어진다.[131] 수업시간에서도 언어는 중요한 역할을 하고 있다. 이곳의 다문화가정 자녀들은 국제결혼가정 자녀로 한국에서 태어난 아동들과 중국, 몽골 등 다른 나라에서 태어나 한국으로 이주해 온 아동들이다. 서로 사용하는 언어가 달랐던 이들은 다문화학교라는 공간에서 자신을 드러내고, 자신의 의견을 다른 아동들에게 전달하기 위해 조금은 서툴더라도 한국어를 사용하려고 노력했다. 수업이 시작되고 교사가 들어와 수업을 진행하는 중에도 아동들은 서로 수업에 관해 토론하거나 또는 수업과 관련 없는 대화를 나누었다.

> 수업이 시작했는데도 아이들은 친구들과 대화를 나누고 있다. 소리를 질러 자신의 감정을 표현하기도 하고, 작은 소리로 자신의 의견을 나누기도 했다. 각자 자신의 나라는 다르지만 한국이라는 곳에 모인 아이들은 한국어로 자신의 의견을 말한다. (관찰일지 중에서)

사실상 언어적 소통과 비언어적 소통은 많은 경우 함께 나타났지만 직접적 의사전달에는 언어적 소통이 효과적이었다. 아동들은 또래와의 소통에서 언어에 대한 의존도가 높은 편이었다. 아동들은 인사, 질문, 항의, 부탁, 조언 등 일상생활에서 일어나는 상황들에서 언어로 소통하고 있었다. 말로 다른 아동들과 소통할 경우, 상대방이 자신의 말에 귀 기울이지 않는다고 느낄 경우 소리의 높낮이를 이용하였다. 아동들은 욕설이나 비속어 등 다소 강한 언어적 소통을 통해 눈빛이나 몸짓을 사용하지 않고 자신의 의견을 내세워 상대방에게 전달하기도 했다. 주변에 있는 여러 또래들에게 자신의 의견을 알리기 위해서는 큰소리로 외치고, 한두 명에게 전달할 때는 귓속말을 하기도 했다.

다문화가정 자녀들은 다문화학교에서 언어적 소통을 통해 자신의 의견을 강하게 또는 약하게 또래들에게 전하고 있었다. 국제결혼 가정 자녀들의 경우, 외국인 근로자 가정 자녀보다 한국어 사용에 더 익숙해 있었고, 더 자연스럽게 한국어를 구사하고 있었다. 그러나 국제결혼 가정 아동이나 외국인 근로자 가정 자녀 할 것 없이 아동들은 모두 다 언어적 소통으로 한국어를 사용하는 것을 자연스럽게 생각하고 있었다.

> 교실 안에서의 비밀스러운 수업 준비를 위해 아이들은 잠깐 교실 밖으로 나가 있게 되었다. 교사의 통제가 사라지자 아이들은 수업시간 때보다 더 이리저리 뛰어다녔다. 지성이는 누워 있고, 누워 있던 지성이를 샤오팡과 영규가 밟고 지나간다. 소라와 조리구는 교실 문 앞에서 문틈으로 안의 상황을 보려고 하며, 준비가 다 됐는지 물어보고 있다. 아이들이 교실 앞에서 소란스럽게 떠들자, 원빈이가 "야, 떠들지마!" 하며 큰소리로 이야기한다. (관찰일지 중에서)

> 손을 위나 아래로 향하게 하여 편을 가르는 게임을 하기로 했다. 지현이와 샤프라가 귓속말을 한다. 덩달아 태희와 마야도 귓속말을 한다. 같은 편이 되기 위해 손을 위로 할지 아래로 할지 정하기 위해서다. 교사가 "너네 그렇게 편짜서 하면 어떡해. 너네 네 명 위로 할지 아래로 할지 미리 짰지?" 라고 말하자, 아이들은 무언가에 들킨 듯한 표정이다. (관찰일지 중에서)

2) 비언어적 소통 방법

말이나 글을 이용한 언어적 소통을 제외한 비언어적 소통에는 신체언어인 표정, 몸짓, 눈맞춤, 자세, 신체적 접촉 등과 그래픽언어인 그림, 도형 등이 있다.132) 다문화학교 아동들에게서도 다양한 비언어적 소통 행동들이 관찰되었다. 언어 이외에 이들이 주로 사용하는 비언어적 소통 방법에는 몸짓, 만지기와 때리기 등 신체적 접촉, 그림 그리기와 낙서 등이 있었다.

① 몸짓(행동)

말이 통하지 않는 또래와의 대화나 언어적 소통으로 의사전달을 해나가는 것이 부족할 경우, 다문화가정 자녀들은 몸짓을 사용하였다. 한국에 온 지 얼마 되지 않아 한국어로 소통을 하기 어려운 경우, 말과 함께 몸짓을 이용하여 상대방에게 상황을 설명하려고 노력했다. 중국에서 온 지 얼마 되지 않은 경미의 경우, 또래들은 수업에서 할 게임에 대해 경미에게 설명하기 위해 언어가 통하지 않아 몸짓으로 수업 내용을 설명하였다. 경미는 처음에는 어리둥절해 하더니 비교적 쉽게 또래들이 하는 몸짓을 알아듣고 자신도 몸짓으로 "이렇게 이렇게 하는 거야"라고 하며 반응을 보였다. 또래들은 언어가 통하지 않아 걱정하는 듯하였으나 몸짓으로 경미와 소통이 되자 신기해하기도 하고 기뻐하기도 했다.

그러나 은지의 경우에는 다른 또래들이 게임을 시작하고 나서야 몸짓을 이해하였다. 필리핀에서 한국에 온 지 몇 달 되지 않은 은지는 초기에 한국어를 알아듣지 못하였다. 지성이는 수업내용에 대해 미리 어떻게 하는지 은지에게 말과 몸짓으로 설명하려고 하였다. 손과 발 등 자신의 신체 일부분을 사용하여 또래에게 의견을 전달하려고 하였다. 은지는 결국 지성이의 말과 몸짓 둘 다 알아듣지 못했다. 지성이는 자신의 말과 몸짓을 알아듣지 못하는 은지에 대해 굉장히 답답해하였다. 끝내는 자신의 의견을 전달하는 것을 포기하였다.

이렇듯 언어적 소통이 어려운 상황에서 다문화가정 자녀들은 몸짓을 사용할 수밖에 없었다. 주로 말이 통하지 않아 몸짓으로 소통을 하는 것은 외국인 근로자 가정 자녀들인 경우가 많았다. 외국인 근로자 가정 자녀들의 경우, 모국어가 한국어가 아닌 상태에서 한국이라는 나라에 이주해 와서 한국어를 처음 배우는 경우가 많았기 때문이다.

(수업시간에 두 편으로 나누어 영어단어 맞추기 놀이를 하던 중 은지와 같은 편이 된 아이들이 답답한 표정으로 서 있다. 지성이가 놀이를 어떻게 해야 하는지 한국어로 설명하지만 은지는 잘 알아듣지 못했다)

지성 : 내가 몸으로 이렇게 이렇게(몸짓으로 같이 이야기하며) 영어단어를 흉내 내면 니가 뭔지 맞추는 거야. 알았어?

은지 : (무슨 말인지 알아듣지 못하겠다는 표정으로 눈을 깜빡거리며 아무 말 없이 듣고만 있다)

지성 : 아씨, 답답해. 선생님 얘한테 영어로 좀 설명해 주세요. 못 알아들어요.

아동들은 몸짓과 행동을 통해 자신의 현재 심정을 나타내기도 했다. 자신의 몸을 숨기거나 거짓으로 우는 행동을 통해 타인에게 관심받기를 원했고, 타인에 대한 좋지 않은 감정으로 무시하는 행동을 보이기도 했다. 또래와의 의견충돌로 인해 상황을 회피하거나 삐치기도 하였다. 다문화가정 자녀들은 몸짓이나 행동으로 자신의 의견이나 기분 상태를 직·간접적으로 전하고 있었다.

테트라와 지현이가 장난을 치고 있다. 그러던 중 테트라가 큰소리로 우는 척을 하다가 아무도 관심을 갖지 않자 기분이 나빴는지 삐쳐서 책상 아래로 숨어버린다. (관찰일지 중에서)

② 만지기 혹은 때리기(접촉)

접촉은 인간관계에서 필수적인 요소이다. 접촉을 통해 감정적 지지, 애정, 격려와 같은 소통을 하게 된다.[133] 이런 이유에서인지 다문화가정 자녀들은 서로 만지거나 때리는 행동을 보였다. 심하게 때리는 경우도 있었으나 장난으로 하는 경우가 많았다. 장난이 심해져서 싸움으로 번지는 경우도 있었고, 그냥 웃어넘기는 경우도 있었다. 이들은 다른 또래를 때리고 만짐으로써 자신을 드러내려고 하였다. 그런 모든 행동들은 또래와의 관계를 더욱 돈독히 하기 위함이었다.

> 샤오팡과 지성이가 책상에 올라가 있다. 지성이가 샤오팡의 머리를 쓰다듬는다. 그러자 샤오팡이 갑자기 전투태세를 갖추고 팔꿈치로 지성이를 치려 한다. 지성이는 샤오팡의 머리를 계속 쓰다듬는다. 갑자기 샤오팡이 자신의 점퍼로 지성이의 머리를 치기 시작한다. 그러다가 그새 웃는다. (관찰일지 중에서)

다문화가정 자녀들은 간지럼 태우기, 일부러 살짝 스치기 등의 행동으로 자신의 의사를 전달하기도 했다. 샤오팡의 경우, 수업시간에 빨리 문제를 풀 수 있음에도 일부러 풀지 않는 지성이에게 간지럼을 태움으로써 소통을 하고 있었다. 말로 '빨리 해'라고 먼저 말하기보다 몸으로 하는 소통을 통해 더 간절하게 서로의 의견을 전달하고 있었다. 그런 행동들로 이들은 그 친구와 내가 더 친하다는 유대관계를 느끼고 있었다.

> 교사 : 얘들아~ 지금까지 배운 (영어)단어로 문제 한번 풀어보자.
> (종이를 나눠주고, 아이들이 잘 풀고 있는지 본다. 대부분의 아이들이 다 풀었다)
> 교사 : 얘들아 다 했어?

지성 : 난 늦게 해야지~ (장난치듯 말한다)

(그러자 샤오팡이 다가가서 지성이를 간지럼 태운다)

샤오팡 : 빨리 하라고~

영규가 수업이 시작되었는데도 이리저리 부산스럽게 돌아다니고, 문을 열었다 닫았다 했다. 또래가 말을 걸어도 아무 대답이 없다. 그러자 갑자기 원빈이가 영규의 얼굴을 때렸다. 그래도 영규는 화를 내지 않고 피식 웃는다.(관찰일지 중에서)

신체적 공격 행동은 이들 사이에서 자주 일어나는 문제행동이며 갈등요소이다. 이들은 친구를 괴롭히는 방법으로 친구의 신체를 공격하기도 하지만, 자신의 감정전달을 위해서 사용하기도 했다. 친구를 때림으로써 자신의 화난 감정을 전달하고 자신이 얼마만큼 화가 나 있는지를 알렸다. 다문화학교의 또래아동 간에도 때리기와 같은 공격 행동이 자주 관찰되었다. 아동들은 언어적 표현보다 자신의 신체 부위를 사용하여 상대방에게 자신의 상태를 알리는 적극적인 신체행동을 하였다. 때리기 같은 공격 행동도 물건 던지기와 비슷하게 친구와 언어로 해결이 되지 않을 때, 친구가 수업을 방해할 때, 무시당했다고 느낄 때 나타났다.

수업 중 바뜰과 따릭이 장난을 친다. 책상 밑에서 발로 서로를 친다. 그러다가 서로 감정이 격해졌는지 바뜰이 펜으로 따릭의 머리를 쳤다. 따릭도 지지 않고 바뜰을 손으로 친다. 바뜰도 따릭을 때리고 책을 집어 던지려 한다. (관찰일지 중에서)

진주 : 선생님, 수업 끝나고 약속 있어서 빨리 가야 해요. 빨리요 빨리 (끝내주세요)

(바뜰과 따릭이 수업에 집중하지 않고 떠든다)

교사 : 이것까지 해야 보내줄 거예요. 계속 떠들면 시작하지 않을 거야.
진주 : 야, 조용히 해. 나 빨리 끝내고 가야 한다고~
(그러면서 진주가 바뜰을 발로 찼다)

4~5학년 영어수업 시간에 아이들이 보물찾기를 하자며 졸라댄다. 여자와 남자로 편을 짜서 하자고 아이들이 소리를 지른다. 그러나 남자는 5명, 여자는 2명이다. 남자팀에서 여자팀으로 한 명 이상이 가야 하는 상황이다. 갑자기 소라가 조리구를 자신들의 편으로 데려가고 싶은지 조리구의 팔을 잡고 자기 쪽으로 잡아당긴다. 잠시 후에 장쯔이도 가세해서 조리구의 다른 한쪽 팔을 잡고 당긴다. 조리구는 계속 여자남자 여자남자를 외치며, 자신의 힘으로 여자 두 명을 떼어낼 수 없게 되자 발로 소라와 장쯔이를 찬다. (관찰일지 중에서)

③ 그림 그리기

수업시간에 말을 사용하지 않고 동작이 크지 않아 가장 효과적으로 할 수 있는 소통 방식은 그리기다. 다문화가정 자녀들은 선생님 몰래 자신들만의 내용을 주고받고 싶을 때나 수업이 지루해서 친구에게 장난을 걸고 싶을 때 그림 그리기의 소통 방식을 주고받는다.

영어수업 중에 종이와 펜을 주고 영어단어에 맞는 그림을 그리게 하였다. 아이들이 잘 하고 있나 주위를 둘러보았다. 혜교와 마야가 뭔가를 열심히 하고 있었다. 그러더니 서로를 보고 웃었다. 수업 중에 혜교와 마야는 그림을 그리며 대화를 나누고 있었다. 사람 그림을 서로 그려가며 장난치기도 하고, 혜교가 그린 그림 위에 마야가 뭔가를 더 그리며 놀기도 하였다. 나는 이해할 수 없었지만 그들만이 통하는 무언가가 있는 것 같았다. (관찰일지 중에서)

> 야스민은 그림 그리기를 좋아한다. 아이들이 모두 인정하는 화가이며 미술 대회에서 상도 탄 아이다. 그러다 보니 수업 중에 그림을 그려 무언가 하는 것을 좋아한다. 수업 중 또래들과 둘러 앉아 칠판을 가운데 놓고 수업을 진행하려 하였다. 그런데 야스민이 혼자 칠판에 그림을 그리고 있었다. 야스민은 칠판에 그림을 그림으로써 아이들에게 그림을 그려 게임하자고 제안을 하고 있었다. (관찰일지 중에서)

이들은 말로 자신이 지금하고 싶은 것에 대해 이야기하기보다 그림이라는 시각적 도구를 이용하여 상대방에게 자신의 의사를 전달하기도 했다. 수업에서 자신이 하고 싶은 것, 수업 중에 의문 나는 사항 등을 그림으로 그림으로써 또래들에게 전달하고 있었다.

> '해와 바람'이라는 이솝우화를 영어로 공부 중…
>
> 교사 : I can break down a house. 얘들아, 바람이 뭐라고 말했지?
>
> (모르겠다는 표정)
>
> 바뜰 : 나는 너를 죽일 수 있다?
>
> (아이들이 모두 웃는다)
>
> 교사 : 하하. 얘들아, 그림책 잘 봐봐. 집까지 무너뜨릴 수 있대. (중략)
> 바람이 '후후' 사람에게 입김을 날렸어. 그랬더니 어떻게 됐지?
>
> 따릭 : (그림을 보며) 옷을 잡고 있는데요.
>
> (형준이가 이상하다는 듯, 나눠준 프린트물에 그림을 그린다. 그러더니 옆에 있던 따릭에게 보여준다. 따릭이 웃는다)
>
> 교사 : 왜, 뭔데?
>
> (형준이가 그림을 보여준다. 사실 무엇인지 못 알아본 교사가 다시 물어본다)
>
> 교사 : 뭐야?
>
> 형준 : (말없이 웃으며) 바람에 사람 날아가는 거요.

교사 : 아, 그렇구나.

형준 : 바람이 집도 날리는데, 왜 사람은 못 날려요? 사람도 날아가야 지…

형준이는 자신이 그린 그림을 통해 옆에 앉은 따릭과 다른 친구들에게 이야기의 모순점에 대해서 전달하려 하였다. 그림이라는 비언어적 매개체를 통해 자신이 생각하는 것을 표현하려 했다. 말이 아닌 그림을 사용하여 또래들과 소통함으로써 말보다 확실하게 자신의 생각을 전달할 수 있었다. 그림이라는 매개체를 통하여 소통함으로써 더 강하고 쉽게 또래에게 자신의 감정과 생각을 표현할 수 있음을 아동들은 느끼고 있었다.

IV. 다문화가정 자녀의 소통 저해요소

다문화가정 자녀의 소통 방법이 언어적인 방법과 비언어적인 방법으로 구분되듯이, 이들의 소통을 저해하는 요소 또한 언어적 저해요소와 비언어적 저해요소로 구분하여 정리할 수 있다.

1. 언어적 저해요소

① 다른 언어 사용하기

학교 장면에서 다른 언어를 사용하는 상황은 빈번하게 일어나고 있다. 특히 한국에 온 지 얼마 되지 않은 외국인 근로자 가정 자녀들에게서 많이 발견된다. 아동들은 일부러 혹은 할 수 없이 몇몇 아동들은 알아들을 수 없는 언어를 사용할 수밖에 없다. 한국어에 익숙하지 않은 아동들은 한국에서 태어났거나 한국생활에 익숙한 아동들과의 한국어 소통이 어렵기 때문이다. 이런 상황들은 결국에는 소통 상황에서 몇몇 아동들을 제외하게 되고, 언어적 소통 상황의 저해요소가 된다.

학교에는 국적이 같은 아동과 다른 아동들이 서로 섞여 있다. 그렇기 때문에 말로 소통할 때 공용어가 필요한 상황이다. 이곳에서의 공용어는 한국어다. 외국에서 살다가 한국에 온 지 얼마 되지 않은 친구들은 한국어에 서툴러 언어로 소통하기가 쉽지 않다. 그런 아동들의 경우, 알아듣지 못하는 한국어로 말을 거는 또래와의 소통을 꺼린다. 그렇기 때문에 자연스레 이주해 온 지 얼마 되지 않은 아동들은 자신과 같은 나라에서 와서 서로 말이 통하는 아동들과 소통하는 것을 편하게 여겼다. 이주 기간이 짧은 아동들은 자신과 국적이 같은 아동과 모여 있었으며, 그들과만 소통하려고 하였다. 이들은 같은 나라에서 이주해 온 아동들에게 수업에 관해 물어보거나, 자신의 의견을 이야기할 때 한국어가 아닌 자신들의 모국어를 사용했다. 수업 중 또래와 이야기를 나누고 토론하는 상황에서 몇몇 아동들이 모국어를 사용할 경우, 그 언어를 모르는 아동들은 소통에서 답답함과 불만을 느꼈다.

> 한국에 온 지 얼마 되지 않은 경미는 아직 한국어가 서툴다. 그래서 수업시간에 잘 참여하지 않는다. 수업을 하는 중간중간에 중국어를 하는 친구들과 중국어로 대화를 한다. 수업에 대한 설명을 듣기도 하고 잡담을 하기도 한다. 그러자 나영이가 '야, 못 알아듣게 중국어로 하냐' 하고 불만을 토로한다. (관찰일지 중에서)

학교에 다닌 지 몇 달 후 경미는 한국어를 사용하여 단답형으로 대답이 가능한 상태가 되었다. 그럼에도 불구하고, 경미는 중국어를 사용하지 못하는 또래들과의 언어적 소통을 꺼렸다. 모국어인 중국어보다는 한국어를 능숙하게 사용하지 못했기 때문이었다. 다문화학교에는 자신의 중국어를 알아듣는 또래가 있기 때문에 굳이 한국어를 사용할 이유도 없었다. 그렇게 되면 오히려 중국어를 알아듣지 못하는 다른 아동들이 소통 단절을 경험하게 된다.

묘호 : XXXX
키릴 : XXXX
(몽골어로 대화를 나누는 묘호와 키릴)
재석 : 야, 니네 내 욕 하는 거야? 수업 중에 몽골어로 하지 마. 니네만 알잖아.

묘호와 키릴은 몽골에서 이주해 온 다문화가정 자녀들이다. 중학교 영어수업 중의 일이었다. 한국어로 모르는 단어가 나오자 묘호와 키릴이 몽골어로 대화를 나누기 시작했다. 또래 몇몇이 자신들만 아는 언어로 대화를 나눌 경우, 그 언어를 모르는 또래들은 순간적인 소통 단절을 경험하게 된다. 대화 내용을 알지 못하는 아동들은 혹시 자신의 이야기를 하지 않는지, 수업 중에 불필요한 이야기를 나누지는 않는지 생각하게 된다. 아동들은 대답하고 싶어도 대답할 수 없는 상황, 소통 환경에 들어가고 싶어도 들어가지 못하는 상황에 빠지게 된다. 같은 나라에서 이주해 온 아동들끼리의 소통은 그 소통 과정에 참여할 수 없는 또래들과의 소통 단절을 경험하게 하여 소통을 저해할 수 있는 요소가 된다.

② 빈정거림

조롱과 빈정거림은 소통에 걸림돌이 되는 요소로, 자아가 어린이 상태에 있을 때 발생한다. 주로 기대나 관심이 다른 사람에게 가는 것이 못마

땅할 때 나타나는 말이나 행동을 말한다.134) 아동들은 또래에게 빈정거리는 말투로 말하여 상대방을 주눅 들게 하여 원활한 소통이 이루어지는 것을 방해하고 있었다. 같은 학년인 바뜰, 형준, 따릭은 다문화학교에서 영어수업을 함께 듣는다. 이들은 선생님이 다른 아동에게 칭찬을 하거나 자신보다 또래가 영어단어를 더 많이 알 경우 상대방을 은근히 깔보면서 빈정거리는 투로 말을 했다.

교사 : 오늘 지난번에 배웠던 단어 한번 복습해 보자~

바뜰 : 허걱.

교사 : 누구 먼저 할까? 음… 바뜰 먼저 할까? 바뜰, 음… cousin, cousin이 한국어로 뭐지?

바뜰 : 음… 지난주에 배운 거 맞아요?

교사 : 지난주에 시골쥐 도시쥐(영어동화책) 배울 때 했는데. 둘이 이거라고.

바뜰 : 음…

교사 : 시간. 10초 더 줄게. 10, 9, … 2, 1. 땡. 다른 애들은 기억해?

형준 : 몰라요.

따릭 : 음… 사촌인가?

교사 : 와~ 맞았어. 기억하네… 그럼 그 다음에 따릭 해보자. 음… letter?

바뜰 : 선생님, 따릭은 쉬운 거잖아요. (항의하듯)

교사 : 책에 나온 순서대로 낸 건데.

따릭 : 편지요~

바뜰 : 그래 너 잘났다. 잘났다고! (빈정거리듯이)

수업 시간 중 바뜰은 자신보다 또래아동이 교사가 내는 문제에 대해 많이 알고 있을 경우, 질투심에서 빈정거리는 투로 말을 내뱉었다. 자신보다 다른 또래에게 교사의 관심이 가는 것에 대해서 불만을 느끼고 있었다. 이런 마음까지 담아 아동들은 또래에게 자신의 마음을 퉁명스러운 말로 표현하고 있었다. 바뜰의 빈정거리는 말투에 따릭은 표정이 어두워졌다. 따릭은 바뜰의 빈정거림에 대꾸하지 않고 그냥 수업에 몰입하려 했다. 또래의 빈정거리는 말은 또래 간 관계 발전에 악영향을 끼치고 있었다. 빈정거리는 말들은 또래와의 소통 단절을 일으키는 요소였다.

(중학생 영어 독해 수업시간에)

교사 : (중략) 다음, 암카가 읽어보자.

암카 : 네. Then I played soccer with Dad and John and Poki cleaned their rooms.

재석 : 하하 준이라고 읽었대요~ (비웃으며 놀리듯이) 존인데…

암카 : 아니거덩. 존이라고 잘 읽었거덩?

재석 : 아니거덩~ 준이라고 잘못 읽었거덩? (그런 것도 못 읽냐는 투로, 얼굴을 옆으로 흔들며 암카를 보며 빈정거린다)

암카 : 참. 어이가 없어서.

다문화가정 자녀들은 또래가 실수를 하거나 자신보다 모른다고 느낄 때, 비웃거나 깔보며 빈정거리는 투로 또래를 대했다. 실수로 한 자신의 행동이나 말 때문에 또래에게 빈정거림을 당할 경우, 아동은 처음에는 흥분하여 자신의 의견을 내세우려 활발한 소통을 끌고 나갔다. 그러나 또래의 빈정거리는 말투가 계속될 경우, 또래와의 상호작용을 일방적으로 끊으려는 행동을 보였다. 또래의 말이나 행동을 무시해 버리거나 그 또래친구 외에 다른 또래와의 소통 유지에 신경을 썼다. 또래의 빈정거리는 말투로 인하여 결국에는 소통을 꺼리고 단절되는 상황이 나타났다. 또래의 빈정거리는 말은 소통 단절이라는 상황까지 가져오게 되므로 소통의 저해요소로 분석되었다.

③ 욕설과 비속어

욕설은 조롱, 희롱, 협박, 저주 등과 함께 언어폭력의 하나에 포함된다. 초등학생들이 언어폭력에 노출될 경우, 자아존중감과 대인관계에 문제를 일으켜 건전한 사회구성원으로 성장하는 데 어려움을 겪을 수 있다.[135] 괴롭힘의 종류 중 하나인 욕설은 그것을 사용함으로써 상대방을 꼼짝 못하게 하고 상호작용의 반응을 단절시키게 만든다.[136] 다문화학교에서는 아동들이 또래를 주눅 들게 하거나 또래와 감정이 격해졌을 때, 일상생활에 자연스럽게 사용되는 대화 용어로 욕설과 비속어가 사용되고 있었다. 욕설이나 비속어는 언어폭력으로 사용되는 상황과 사용하는 사람들의 반응에 따라 소통 저해요소가 될 수 있다.

(영어수업 중 아이들은 단원 마무리 후에 푸는 단원종합문제를 풀고 있다. 바뜰이 문제를 풀지 않고 장난을 치고 있다)
따릭 : 좀 제대로 해! (비꼬듯이 말한다)
바뜰 : 닥쳐 병신아! (바뜰이 다소 심각한 표정으로 짜증나는 듯이 말한다. 순간 정적이 흘렀다)

초등학교 고학년 수업 중간에 수업에 참여한 아이들보다 학년이 낮은 영규가 문을 열고 들어왔다. 교육총괄 교사가 어떤 말을 전하라고 해서 온 것이었다. 영규가 전달사항을 말하려 하자 진주가 "꺼져"라고 말했다. 깜짝 놀란 영규는 주눅이 들어 할 말을 제대로 하지 못했다. (관찰일지 중에서)

욕설을 하는 상황이 진지할 때, 욕설을 하는 대상과 듣는 대상 모두 진지하고 심각한 태도로 임할 때, 욕설을 하고 듣는 대상 모두 기분 상태가 좋지 않은 때는 대화에 욕설과 비속어가 섞임으로써 소통의 단절을 경험하게 되었다. 욕설을 듣는 입장에서는 당황하기도 하고 기분이 나쁘기도 하여 소통 상황에서 빠져나와 버리거나 또래와의 소통을 멈추었다. 소통 상황에서 단절의 상황을 가져오게 되는 것이다. 이에 욕설은 정상적인 소통을 저해하는 요소 중 하나로 볼 수 있다.

일상적이고 자연스러운 대화 가운데 사용되는 비속어인 "짱나, 재수 없어, 지랄" 등은 사용하는 아동이나 받아들이는 대상 모두 욕설로 받아들이지 않아 소통에 문제가 없었다. 그러나 서로 대화를 하던 상황에서 장난식의 욕설을 던졌더라도 받아들이는 상대에 따라 소통에 저해를 가져오기도 하였다. 장난스러운 상황에서 상대방이 갑자기 화난 태도를 보이면 장난스러운 상황은 바로 진지한 상황으로 바뀌게 되고 또래의 욕설은 받는 이로 하여금 큰 상처를 입게 한다. 상대방은 장난으로 할 때와 진지한 태도로 욕설을 받을 때 각각 상황에 따라 반응을 달리했다. 욕설을 하는 또래가 장난스러운 말투로 할 때는 받아들이는 상대도 장난으로 받고 상황은 종료되었다. 이 상황에서 소통의 저해는 이루어지지 않았다. 그러나 욕설을 하는 상대가 진지한 태도로 심각한 표정을 짓거나 짜증나는 말투로 비속어를 사용할 때는 상황이 달라졌다. 이럴 경우, 욕설을 받아들이는 상대는 당황하며 말을 잇지 못하는 경우가 대부분이었다. 욕설은 일방향적인 상황으로 번지게 되어 쌍방향적이어야 하는 소통을 저해하는 요소가 된다.

암카 : 피자뷔페 생긴 거 알아? 피자 여러 개 나오고, 그런 데 생겼더라.

키릴 : 진짜? 와 완전 좋다. 그런 거 있음 나중에 나도 델꼬가~

암카 : 뭔 개소리야. 나도 아직 못 가봤는데…

때로는 장난스러운 상황에서도 욕설이 나올 경우, 당황스러운 상대는 말을 잇지 못하는 경우가 있었다. 상호작용을 하던 상대는 당황하여 대화를 이어가지 못하고 끝내고 만다. 욕설과 비속어를 들은 대상자의 경우, 욕설을 한 또래와의 대화에서 벗어나고자 하려는 경향이 강했다. 욕설을 한 상대가 또래지만 자신보다 힘이 세거나 말싸움을 잘한다거나 할 때, 아동들은 욕설을 듣고 그에 대해 다른 욕설이나 폭력으로 저항하지 않았다. 그냥 다른 또래와의 대화로 상황을 바꾸거나 욕설을 듣고 당황하여 대화를 중단하였다. 결과적으로 소통 단절 상황에 놓이게 되어 소통 저해 요소가 되었다.

2. 비언어적 저해요소

① 무시와 무관심

무시는 거절, 명령, 비난, 짜증과 더불어 아동들이 하는 부정적인 행동에 속한다. 아동들이 언어적으로나 비언어적으로 부정적인 행동에 속하는 무시를 보이는 것은 상대에게 공격적 행동을 보이는 것과 같다.[137) 다문화학교에서의 무시는 또래가 자신보다 한국어를 못해 수업에 방해가 될 때, 말투가 어색할 때, 잘난 척할 때 등의 경우에 발생했다. 이런 경우의 무시는 외국인 근로자 가정 자녀들에게 빈번하게 발생하는 경우로 한국어에 익숙하지 않다는 이유로 무시하는 태도를 받는 경우이다. 한국에 이주해 온 지 몇 달 되지 않아 한국어에 서툰 은지와 경미는 수업시간에 또래들에 의해 무시당하거나 무관심의 대상이 되었다. 또래들은 은지와 경미가 수업에 있지만 없는 사람인 듯 행동하기도 했다. 게임 위주로 진행되는 영어수업에서 말이 잘 통하지 않아 토론하기가 힘든 상대인 은지와 경미는 또래들이 자신들의 팀에 속하지 않기를 바라는 아동들일 수밖에 없었다.

(수업시간 경미가 또래와 함께 모여 있지 않고 선생님 근처 피아노 앞에 앉아 피아노를 만지작거린다)
교사 : 경미야~ 왜 애들이랑 같이 안 있어? 저기서 같이 수업해야지?
경미 : (고개를 젓는다)
교사 : 왜? 수업 재미없어?

(영어수업이 시작되어 한쪽에서는 영어교사와 아이들이 수업을 진행하고 있는데 경미는 구석에서 혼자 딴짓을 하고 있다. 아이들은 수업에 참여하지 않고 배회하는 경미에게 아무도 관심을 가져주지 않았다)
교사 : 얘들아~ 경미도 같이 해야지. 경미야 이리 와~ 경미는 왜 팀에 안 껴줘?
나영 : 한국어 못하잖아요. 영어도 못하고…
소라 : 에잇. 저 언니 들어오면 우리 팀 져요.

중국에서 온 경미는 한국어도 영어도 서툴렀기 때문에 또래들은 경미를 대놓고 무시하며 게임에 끼워주려 하지 않았다. 자신의 팀에 경미가 들어올 경우 자신의 팀이 불리해질 것을 예상하고 경미를 아예 배제하고 수업을 진행했다. 필리핀에서 온 은지의 경우에 한국어는 능숙하지 못하지만 영어는 또래에 비해 많이 알기 때문에 단어 맞추기 등의 게임을 할 때는 필요한 존재였다. 그러나 한국어와 영어를 함께 써야 할 상황이 오면 또래들은 경미처럼 은지를 제외하고 자기들끼리 뭉쳐 토론을 벌였다. 자연스레 은지도 경미처럼 무시와 무관심의 대상이 되었다. 또래아동들의 자연스러운 무시상황에서 은지와 경미는 소외될 수밖에 없었다. 아동들은 원하든 원하지 않든 또래와의 소통 상황에서 벗어나 있게 되었다.

말투가 이상한 것도 무시의 이유가 되기도 했다. 다문화학교에 온 지 1년이 조금 넘은 경수의 경우, 한국어를 할 때 연변사투리가 심한 편이었다. 몇몇 여자또래들은 경수가 자신보다 나이가 많음에도 경수가 물어보는 질문에 대답을 하지 않는 등 경수를 대놓고 무시하는 태도를 보였다. 경수의 말투가 연변사투리가 섞인 억양이고, 단어를 잘 못 알아듣고 이야기할 경우 더욱더 무시하는 태도를 보였다. 경수가 이야기를 할 때 얼굴 표정을 찡그리거나 경수의 질문에 대답을 하지 않거나, 수업에서 경수의 이야기에 반응을 보이지 않았는데, 특히 여자또래들의 경수에 대한 무시가 심했다.

> 진주 : 그냥 저 오빠는 싫어요. 그냥 짜증나. 말투도 이상하고.
> 경수 : 왜 그러는지 모르겠어요, 왜 나한테 그러는지.

초등학생인 진주는 경수가 자신보다 4살이나 나이 많은 오빠임에도 말을 무시하고 질문을 해도 그에 반응하지 않았다. 그냥 경수를 거부하고 있었다. 경수도 진주가 자신을 싫어하고 자신을 무시한다는 것을 느끼고 있었다. 키릴도 경수와 함께 영어수업을 하는 것을 별로 좋아하지 않았고, 경수가 말을 걸거나 수업에서 같이 무언가를 해야 할 상황이 올 때 다른 사람들도 느낄 수 있도록 경수를 무시하는 태도를 보였다. 경수도 처음에는 계속 말을 걸거나 친해지려고 노력하다가 점점 자신을 무시하는 또래들과의 소통을 줄이거나 자신도 똑같이 무시해 버렸다. 꼭 말을 하지 않더라도 행동에서 느껴지는 무시를 느낀 아동들은 자신도 같이 그렇게 대함으로써 대응했다. 이런 상황에서 아동들 사이의 소통은 일방적이 되거나 무시로 일관되어 소통 자체를 저해하는 상황이 되었다.

4~5학년이 함께하는 영어수업에서 5학년인 영규는 4학년 아동들이 무시하는 대상이었다. 4학년 아동들은 자신들보다 나이가 많고 학년이 높지만 행동이 엉뚱하고 수업에 집중하지 않으며 자신들보다 영어를 잘 알지 못하는 영규를 무시했다. 영규는 아동들이 자신을 무시하고 상대하지 않을수록 수업에 더 집중하지 못하고 주의가 산만해졌으며 주위의 물건들에 관심을 가지며 아동들과 더 멀어졌다. 또래의 무시로 인해 또래와의 소통 상황에 들어가지 못하게 되며 또래와의 언어적 · 비언어적 소통을 즐기기보다 자신만의 세계로 빠져들게 되었다. 무시하는 아동들이나 무시를 당하는 아동들이나 똑같이 소통을 이끌어 나가려는 노력을 보이지 않았다. 또래를 무시하는 상황 자체가 아동들의 소통을 저해하고 있었다.

(4~5학년 영어수업을 시작할 시간이 되자 자습을 하던 아이들이 영어수업을 할 교실로 한 명씩 들어왔다)

조리구 : 선생님~ 영규 형은 빼고 하면 안돼요? 영규 형 들어오는 거 싫은데.

② 사라지기

아동들의 경우 상대와의 소통을 전혀 할 수 없게 숨어버리거나 그 공간에서 빠져나가 버리는 사라지기 행동이 자주 나타났다. 아무 이유 없이 계속 숨거나 책상 밑으로 들어가는 아동도 있고, 상대 때문에 일부러 숨기도 하고, 화가 나서 공간에서 빠져나가는 경우도 있었다. 이런 행동은 모두 또래와의 소통을 차단하는 행동이 되었다. 아동들이 공간에서 이탈할 경우 또래와의 소통은 할 수 없게 되었다.

> 성민이는 지난주에도 그렇고 이번 주에도 그렇고 계속 책상 밑에 숨으려고 했다. 아이들도 처음에는 성민이가 숨는 것에 대해 관심을 갖는 듯하더니, 이제 관심도 없는 듯하다. 처음에는 태희가 "선생님 성민이 여기 숨었어요" 라고 말하더니 이제 아무도 그런 이야기조차 하지 않았다. (관찰일지 중에서)

성민이의 경우, 수업이 시작하면 항상 혼자 책상 밑에 숨어버렸다. 책상 밑에 숨어버리면 아동들도 성민이가 보이지 않기 때문에 성민이와 대화를 나누거나, 눈빛, 행동, 표정 등으로 이야기할 수 없게 됐다. 숨는 행동을 통해 성민이는 비언어적 소통을 시도하려 하지만 숨는 것 자체가 소통을 저해하는 행동이 되어버렸다. 또래들은 처음에는 숨는 행위에 대해 관심을 갖다가 점점 숨는 행위가 잦아지면서 관심을 갖지 않고, 숨은 아동에 대해 소통을 단절해 버렸다.

> 영어수업 시간에 A팀과 B팀으로 나누어 영어단어를 그림으로 그리도록 하였다. 비쉬가 뒤를 돌아보자 샤프라는 자기 팀 것을 보는 것이라 생각했는지 "왜 돌아봐"라고 이야기하며 책상 아래로 숨어버렸다. 샤프라는 책상 아래 숨어서 그리고 있다. (관찰일지 중에서)

성민이와는 다르게 이유가 있는 사라지기 행동을 보이는 아동도 있었다. 상대와의 소통은 언어적이든 비언어적이든 모두 차단해 버려야 하는 상황이 올 때다. 다른 아동이 자신이 하는 행동을 보거나 듣지 못하게 함으로써 자신이 우위를 차지할 때였다. 샤프라의 경우 게임에서 이기기 위해 자신의 몸을 숨김으로써 다른 아동와의 소통을 일부러 단절시켰다.

수업 중에 두 팀으로 나누어 게임을 하기로 했다. 대표 두 명이 가위바위보를 해서 자신의 팀으로 데려가고 싶은 사람을 한 명씩 호명하는 형식이다. 그러던 중 끝까지 이름이 불리지 않던 소라가 자신이 원하는 팀이 아닌 다른 팀으로 배치가 되자 무언가를 집어 던지더니 밖으로 나가버렸다. (관찰일지 중에서)

아동은 자신이 원하는 대로 상황이 진행되지 않을 경우, 화를 내면서 그 상황에서 벗어나려 하였다. 소라처럼 자신의 화를 이기지 못하여 공간에서 이탈할 경우, 다른 아동들은 상황을 지켜볼 뿐이었다. 소라를 데리러 나가거나 하는 행동을 보이는 아동은 없었다. 수업시간에 공간을 이탈하는 아동의 행동을 올바르지 못한 행동으로 바라보며 큰 반응을 보이지 않았다. 자신에게 불리한 상황이 될 때도 아동들은 공간에서 벗어나는 행동을 보였다. 이것은 아동 스스로가 상대와의 소통을 단절하는 방법이 되었다.

③ 분노표출

분노표출은 여러 가지 비언어적 행동인 삐침과 짜증, 화내기, 물건 던지기 등으로 나타났다. 분노표출은 아동 스스로 상대와의 소통을 단절하는 수단이 되기도 하고, 상대로 하여금 소통을 할 수 없게 만드는 행위이기도 했다. 아동들이 보여주는 가장 사소한 분노표출에는 삐침이 있었다. 아동들은 수업시간에 자신이 원하는 대로 되지 않거나 수업에서 누군가가 자신을 방해하면 짜증을 내고 화를 내다가 결국에는 삐치는 상황으로까지 갔다. 아동들은 삐치게 되면 스스로 또래와의 소통을 단절하고 자신의 할 일에 몰입했다.

(영어수업 시간 중, 단어문제를 한 사람 한 사람씩 돌아가면서 내고 있다.)

선생님 : 다음 조리구 차례~ 문제 나가요~ 음… wind, wind.

조리구 : 음… 윙드? 윙드?

선생님 : 윈드… 윈드… 힌트! 쉬~ 쉬~(손으로 바람이 지나가듯 흉내를 냈다) 뭐가 불어?

영규 : 아아!! 크크. 바람?

선생님 : 어? 그래 바람이었어. 근데 영규가 맞췄네. 한 명씩 하기로 했는데…

조리구 : 아 영규 형(짜증나는 듯한 투로), 아 뭐하냐고. 아씨 나도 아는데…

아동들은 일상생활에서 좌절을 경험하기도 하고, 자신 또는 외부 상황에 대해 분노를 느끼기도 한다. 억압된 분노는 공격적인 행동으로 나타나기도 한다.[138] 아동들에게 있어서 물건을 던지는 행위는 자신의 의사를 표현하는 하나의 방식이다. 물건 던지기는 공격적이며 파괴적인 행동으로 문제행동에 속한다.[139] 다문화학교에서 아동들은 언어적 소통을 하다가 또래가 자신의 의견을 수용하지 않는다고 느껴질 때나 자신을 화나게 했을 때, 또는 자신을 무시한다고 느낄 때, 짜증과 화를 낸다. 그래도 분노가 사그라지지 않을 경우에는 손에 들고 있던 물건을 던지는 행동을 보였다.

중학생 영어 수업시간 중 재석이와 키릴이 대화를 나누다가 재석이의 말에 키릴이 딴지를 걸었다. 그러자 재석이는 화가 났는지 자신이 들고 있던 연필을 키릴 쪽으로 집어 던졌다. 다행히 키릴에게 맞지는 않았다. 키릴은 재석이 화가 많이 났다는 것을 알고 상황을 피하려 했는지 그새 다른 행동을 했다. 다른 아이에게 말을 걸거나 교사에게 질문을 하며 재석이와의 소통 행위를 멈췄다. (관찰일지 중에서)

아동들은 짜증을 부리거나 화를 내는 경우를 지나 삐치는 행위로까지 가곤 했다. 이때는 자기 스스로 상대와의 소통 통로를 차단하였다. 그러다가 분노가 심해져 물건 던지기 등의 행위로까지 가게 될 경우에는 상황이 달라졌다. 화를 내며 물건을 집어 던지는 행위를 하게 될 경우, 아동의 감정이 어떠한지 주변 또래들은 눈치챌 수 있었다. 이럴 경우, 또래는 아동이 화가 많이 났음을 알고 또래 쪽에서 소통을 차단하는 상황이 나타났다. 아동의 분노표출에 또래가 더 큰 분노표출로 대항할 경우, 싸움으로까지 이어지다가 결국에는 서로 소통을 단절해 버리는 상황이 벌어지게 된다.

V. 나오며 : 인간 존재에 대한 기본적 이해로서 소통

다문화가정 자녀들은 원활한 소통을 위해서 자신들이 이주해 온 나라의 언어를 사용하기보다 한국어를 사용하는 것을 당연하게 여겼다. 한국어에 서툰 아동과 대화할 때는 몸짓언어를 사용하며 소통했다. 아동들은 잘하든 못하든 간에 한국어를 사용하려고 노력했고, 한국어에 서툰 아동들도 한국어에 친숙해져야 함을 의식하고 있었다. 아동들은 한국어를 사용하면서 학교생활과 한국 사회와 문화에 적응하고 있었다.

다문화가정 자녀들은 상대에게 관심을 받기 위해 공간에서 사라지는 행동을 보였으며, 자신이 원하는 상황이 아닐 때 분노를 표출하는 등의 행동을 보였다. 무시하기와 같은 행동은 주로 한국어를 잘하는지 못하는지, 또는 공부를 잘하는지 못하는지에 따라 달라졌다. 아동들은 한국어를 잘 사용하지 못해 수업에 도움이 되지 않는 아동을 무시하거나 무관심하게 대했다. 그런 상황은 무시하는 아동과 무시를 당하는 아동 모두에게 소통을 단절하게 만드는 상황에 처하게 했다.

한편 다문화가정 자녀의 언어적 소통 저해요소와 관련해서 '다른 언어 사용하기'는 한국에 이주해 온 지 얼마 되지 않은 아동들에게서 특징적으로 나타났다. 이주 기간이 오래된 아동들은 다른 언어를 사용하는 또래에게 부정적인 반응을 보였다. 자신들도 처음 한국에 왔을 때 같은 상황이었음에도 불구하고, 다른 언어를 사용하는 또래를 이해하거나 포용하지 못했다. 오히려 자신들은 그렇지 않았던 것처럼 무시하는 태도를 보였다. '다른 언어 사용하기'와 '한국어 사용하기'는 대립적이면서 상호보완적인 입장에 서 있었다. 다른 언어를 사용하는 아동들은 그들대로, 한국어를 사용하는 아동들 또한 그들대로 소통을 이어나가고 있었고, 서로 공통분모와 접점을 찾을 때와 그렇지 않을 때, 소통 연결과 끊어짐이 번갈아 나타났다.

다문화가정 자녀들이 한국어 능력에 대해 높이 평가하고 한국어를 못하는 것에 대해 포용하지 못하는 상황은 사회문화적 환경의 영향이 크다고 할 수 있다. 즉, 다문화가정 자녀들이 한국어에 익숙하지 못하고 그로 인해 학업성적이 낮은 또래를 무시하는 태도나 행동을 보이는 것은 한국 사회에 어느 정도 물들었기 때문이다. 한국에서 생활하면서 한국 사회의 문화에 익숙해진 다문화가정 자녀들은 자신과 비슷한 상황의 다문화가정 또래들에 대해 이해하기보다는 '자신과는 다른 존재'로 인식하려 하고 스스로 차별하기를 하고 있는 것이다.

그럼에도 불구하고, 다문화가정 자녀들은 또래와의 소통에 있어서 한국어 능력의 정도 차이를 제외하면 한국인 부모가정 자녀들과 확연히 구분될 만큼 특이하거나 특별한 모습을 보이지는 않았다. 다시 말해서, 다문화가정 자녀들의 소통 방법과 저해요소를 분석해 본 결과, 다문화가정 아동들은 한국인 부모가정 아동과 비슷한 또래들임을 알 수 있었다. 지금

껏 다문화 관련 연구들이 주로 다문화가정 자녀가 한국인 부모가정 자녀와는 구별되고 다르다는 것을 드러내고자 했던 것과는 다르게, 다문화가정 자녀들은 한국인 부모가정 자녀들과 마찬가지로 말과 글을 통해 말하고 몸짓을 통해 자신의 의견을 표출함으로써 상대방을 이해시키려고 노력하였다. 이는 기존의 소통 관련 연구에서 나타나는[140] 아동들의 소통 방법과도 차이가 없는 것이다. 즉, 다문화가정 자녀라고 해서 특이한 소통 방법을 사용하는 것은 아니며, 이들의 소통을 저해하는 요소 또한 한국어 능력의 정도 차이를 제외하면 다른 아동들과 크게 다르지 않음을 알 수 있었다.

이런 결과는 사회문화적으로 '다문화가정 자녀는 다르다'라는 선입견으로부터 다문화가정 자녀를 '틀린 존재'로 인식하도록 만들었던 데서 기인한다고 할 수 있다. 다문화를 언급하면서 다르다(different)를 틀리다(wrong)로 가르치고 익히도록 조장했던 것이다. 결국 '다문화가정 자녀는 틀리다'라는 사회적 인식을 바꾸는 노력이 우선해야 할 것이며, 이를 위해 가르치는 교사 측면, 프로그램 개발 측면, 정책적 측면 등에서 다문화가정 자녀와 함께 더불어 사는 사회를 만들기 위한 시도들이 필요하다.

첫째, 가르치는 교사 측면에서, 다문화가정 자녀를 접하는 교사는 다문화가정 자녀들의 언어 능력으로 아동들을 판단해서는 안 된다는 사실을 또래에게 인식시켜 주어야 한다. 언어를 못한다고 해서 다른 모든 것을 못하는 것이 아니며, 얼굴과 성격이 다르듯이 잘하는 것도 서로 다를 수 있다는 사실을 알려주어야 한다. 아동들이 한국어 이외에 잘하는 것이 있다는 사실에 대해 또래 상호 간에 인식할 수 있도록 도와주어야 한다. 교사 스스로도 한국어를 잘하는 아동에게만 관심을 가지고 대하는 것이 아니라 언어 능력이 뒤처진 아동에게도 관심을 가지고 그들의 흥미를 이끌어 내는 작업이 다문화교육의 출발점임을 인식해야 한다.

둘째, 프로그램 개발 측면에서, 다양함을 포용하는 시각과 내용들이 필요하다. 다문화를 바라보는 한국 사회의 시선은 다문화가정 자녀들을 '틀리다'라고 바라보고 '서로 다름'을 인정하지 않는 것이 현실이다. 뿐만 아니라, 다문화가정 자녀들 스스로도 자신과 또래가 '서로 틀리다'라는 시선을 가지고 있으면서 서로가 서로를 이해하는 데 한계를 겪고 있다. 다문화가정 자녀들끼리도 자신들의 상황을 서로 이해하지 못하는 상황에 놓여 있는 것이다. 이를 해결하기 위해서는 나와 너로만 구분되는 세상이 아니라 '우리'라는 존재를 깨닫게 하고 이해하는 교육이 요구된다. 또한 다문화가정 자녀들이 지니는 각각의 특수한 환경이 아동의 정서에 영향을 미치는 외적 갈등 요소에 대한 분석과 더불어, 다문화가정 자녀들의 내적 갈등 요소가 집단 활동이나 사회성에 미치는 영향 등에 대한 보다 면밀한 분석이 필요하다. 서로의 문화를 이해하기 위해서 옷을 바꿔 입고 음식을 나눠 먹는 일회적 교육으로 끝나는 것이 아니라, 지속적인 상호 이해와 소통의 프로그램을 개발하고 실천하는 노력이 필요하다.

셋째, 정책적 측면에서, 현재의 다문화가정 정책을 분리교육 정책에서 통합교육 정책으로 전환하는 노력이 요구된다. 국제결혼 가정 자녀, 외국인 근로자 가정 자녀, 북한이탈주민 가정 자녀 등으로 분리하여 정책을 수립함으로써 다문화가정 자녀들은 원하건 원하지 않건 그 이름으로 생활하게 되고 한국인 부모가정 자녀와는 뭔가 다른 아동이라는 차별적 이름으로 낙인 받고 살아가게 된다. 말하자면, 다문화가정 자녀를 위한 분반과 다문화가정 자녀를 위한 교실 등 '그들을 위한' 교육이 하나의 덫으로 작용하고 있는 것이다. 이러한 분리교육 정책은 다문화가정 자녀들로 하여금 '그들만의' 교실에서 한국인 부모가정 자녀와의 상호 교류 없이 생활해야 한다는 압력을 가하고 있다. 통합교육을 통해 다문화가정 자녀들이 서로 다름을 인정하는 또래와의 소통을 경험할 필요가 있다. 비록 처음 시작은 미약할지라도 통합교육을 통해 다양함을 인정하는 노력이 절실하다.

향후 다문화가정 자녀들의 학교생활과 사회생활에서 필요로 하는 다양한 교육 프로그램이 개발 실행되어야 할 뿐만 아니라, 나아가 다문화가정 자녀들의 특징과 장점을 발굴해 내고 건강하게 드러낼 수 있는 교육적 · 사회적 · 정책적 노력들이 요구된다. 이는 다문화가정 자녀들의 소통 방법과 그 저해요소들이 한국인 부모가정 자녀들의 그것과 별다른 차이를 보이지 않았다는 점을 직시하면서 '서로 다른 것은 다른 것일 뿐 틀린 것이 아니라는 사실'을 인식하는 사회적 공감대를 확대하는 노력에서부터 출발할 수 있음을 보여주는 것이다.

다문화 주체 논쟁

그동안 다문화교육은 결혼이주민들만의 교육으로 곡해되어 왔다. 다문화가정 구성원들은 다문화교육의 주체가 되지 못했다. 합법적으로 환영받았던 결혼이주민과 그 자녀들만이 다문화교육의 대상으로 제한되었던 것이 현실이다. 결혼이주민과 자녀들의 교육도 학교라는 공식적인 장소에서만 이루어지는 실정이다. 그로 인해 다문화교육 활동은 한글교육과 문화체험 위주로 이루어질 수밖에 없었다. 다문화교육은 사회구성원 모두의 다문화 감수성을 키워주는 삶의 철학이다. 그동안 한국의 다문화교육이 이주민들의 적응과 동화를 위한 수단으로 사용되어 왔다면, 이제는 나와 너, 우리 모두를 주체로 하는 배움학 측면의 다문화교육이 필요하다. 사회구성원 모두가 사회 곳곳의 배움터를 활용하여 나와 다른 문화에 대한 감수성을 키우고 이를 각자의 인적자본과 공공의 사회적 자본으로 활용할 수 있도록 도와주는 프로그램이 요구된다.[141)]

I. 들어가며

한국 다문화교육의 주요 대상은 성인 이주민으로 인식되어 왔다. 한국 사회는 성인근로 이주민들의 유입으로 인해 다문화사회로 진입하였다.[142)] 성인근로 이주민의 유입은 이들에 대한 한글교육과 적응교육에 대한 수요를 만들었고 이것이 다문화교육의 시초가 되었다.[143)] 1990년대 중반 이후, 결혼이주여성들의 수가 늘어나면서 이들에 대한 한글교육과 문화교육이 다문화교육으로 확장되었다. 결혼이주여성들의 경우, 국가 주도의 '농촌총각 장가보내기 운동' 같은 캠페인을 통해 입국한 환영받는 이주민들이었다.[144)] 중앙정부는 결혼이주민들의 정착과 적응을 위해 교육부와 보건복지부를 중심으로 2009년 한 해 동안 약 400여억 원을 집행하였다.[145)] 교육부와 보건복지부의 예산집행내역의 대부분은 결혼이주민을 위한 한글교육과 문화적응교육이 차지하고 있었다.

다문화교육의 주요 대상이 성인 이주민으로 인식된 것에 비해, 다문화가정 아동에 대한 교육적 지원은 상대적으로 활발히 이루어지지 못했다.[146)] 이들의 교육능력과 결과를 사회적 자본으로 활용하고자 하는 노력과 기대가 부족했던 것이다.[147)] 다문화가정 아동들이 다문화교육의 주체라는 사실에 대한 사회적이고 교육적인 합의가 필요한 이유가 여기에 있다.[148)]

그동안 다문화가정 아동들의 교육은 학교에서 담당하는 것이 당연시되어 왔다. 학령기 아동과 청소년의 교육은 학교의 몫이기에 다문화가정 아동들도 예외가 될 수 없다는 것이다. 하지만 일선학교들이 다문화교육의 중심기관이 되기 위한 준비는 부족한 실정이다.[149)]

다문화교육의 주요 무대가 학교라고 인식되면서, 오히려 다문화가정 아동의 교육활동은 제대로 이루어지지 못해왔다.[150)] 이는 학교기관 자체가 다문화에 대한 감수성이 예민하지 않았기 때문이다. 학교는 그 태생 자체가 권력 기관이며 사회화 기관이기에 사회화와 동화, 선별과 선발에 힘을 쏟을 수밖에 없다.[151] 다문화교육 관련 연구자들의 연구 성향도 학교가 다문화교육에 부적합하다는 사실을 드러내고 있다. 이들 연구는 각각 그 정도의 차이는 있지만, 다문화가정 아동들이 학교생활에서 경험하는 교육활동에 문제가 있다는 점을 밝히고 있다.[152] 다문화가정 아동들의 학교생활에 문제가 있다는 사실은, 학교기관이 다문화적 감수성을 가지고 운영되는 기관이 아니라는 사실을 반증하는 것이다. 특히 학교가 공식적인 권력의 장이기에 학교가 다문화교육의 최적의 장소가 아니라는 지적은[153] 학교의 존재 이유에 대한 심사숙고가 필요함을 다시 한 번 각인시켜 주고 있다.

II. 다문화교육 주체 및 대상의 제한

대부분의 한국인들은 다문화교육을 '나를 위한 교육'이 아닌 '그들을 위한 교육'으로 인식한다.[154] 이러한 인식의 첫 번째 원인은 다문화사회로의 진입 자체를 외부인들의 이주로 인해 생겨난 외재적 사회현상으로 인식하는 데서 찾을 수 있다. 2008년 조선일보의 조사에서 응답자의 77%가 "한국은 다문화사회다"라고 답했고, 69%가 "다문화사회로 진입하고 있다"고 답했다. 그 이유 중 첫째는 '외국인 숫자의 증가'였고, 둘째는 '언론 보도의 영향'이었다. 한국인들은 외국인의 숫자가 증가하였고 관련 보도가 늘어났기 때문에 대한민국이 다문화사회가 되었다고 인식하고 있었다. 한국인들의 다문화사회에 대한 인식은 언론의 보도로 인해 대중적인 인지도를 갖추게 된 위계적 문화현상인 것이다.[155]

위계적 문화현상을 만들어 낸 언론매체들은 다문화와 관련한 사회문제의 대책을 강구하라고 정부와 학계를 압박하고 있다. 이에 따라, 정부는 다문화 관련 정책들을 입안하고, 언론은 이를 사회적 필요성의 실현이라는 이름으로 다시 기사화한다. 이러한 순환구조 속에서 만들어진 한국인의 다문화 관련 인식은 외관상으로는 공론 영역일 뿐이다.[156] 겉으로만 공론화된 다문화 인식은 다문화교육의 주체를 사회적으로 확정 짓는 과정에서 부정적인 영향을 끼친다. 말하자면, 다문화교육의 주체에 대한 논의의 기표(signifiant)들은 수없이 존재하지만, 다문화교육이 '나를 포함한 모두를 위한 교육'이라는 통시적 관점(diachronique)에서의 본질적 논의는 이루어지지 못하고 있는 것이다.[157]

다문화교육의 주체에 관한 논의가 겉돌면서 그 주체의 폭은 점점 좁아지게 되었다. 대한민국에서 공식적인 다문화교육의 주체는 결혼이주민과 그 자녀밖에 없다는 주장이 일반화되어 있다.[158] 결혼이주민들과 그 자녀들로 다문화교육이 제한되면서 다문화교육은 수혜적 차원의 복지적 보수교육으로 인식되었다. 결혼이주민들의 출신국이 대부분 저개발 국가이기 때문이다. 결혼이주민들의 출신국은 중국이 55%로 절반 이상을 차지하고, 일본 8%, 필리핀 8%, 베트남 7%가 그 뒤를 잇고 있다.[159] 결혼이주민의 경우, 한글과 한국 문화에 익숙하지 않고, 그들의 자녀들은 학업성취도가 낮기에 보수교육이 필요하다는 결론이 도출된 것이다.[160] 결혼이주민을 보수교육의 대상으로 설정한 데에는[161] 이들의 학습능력과 교육 정도가 한국인에 비해 부족하기에 이들에 대한 수혜적 차원의 보수교육 및 보충교육이 필요하다는 것이다. 결혼이주민 자녀에 대한 생각도 이와 크게 다르지 않다.[162] 부모의 교육 지원 역량이 한국인 부모에 비해 부족하기에 이들의 자녀들의 학업성취도가 낮으며, 이주민 부모에 대한 열등감과 부끄러움이 그 자녀들의 낮은 학업성취도와 따돌림의 원인이 된다고 판단하고 있는 것이다.

다문화교육 활동은 다학문적(multi-disciplinary) 접근을 통해 이루어질 때 그 효과를 극대화시킬 수 있다.[163] 현재 이루어지고 있는 결혼이주민과 자녀들에 대한 한글교육과 문화체험 위주의 교육활동으로는 문화 다양성을 접하고 다문화 감수성을 함양하는 데 한계가 있을 수밖에 없다. 이들에게 한국어와 한국 문화만을 일방적으로 강요하는 작업은 다양한 문화적 감수성을 키운다는 다문화교육의 의미를 퇴색시킬 수밖에 없는 것이다. 또한 다양한 문화가 공존하는 사회에서 개인은 단순한 문화의 수용자가 아니라 문화의 의미와 가치를 구별하고 판단할 수 있는 비판능력의 활용자로 변모할 수도 없게 된다. 다양한 문화의 다중적인 면면들에 대한 이해력, 향유력, 성찰력 등을 심어주지 못한 결과를 낳게 된다.[164] 이러한 문제점들로 인해 다문화교육의 대상자들은 다문화교육 무용론까지 제기하고 있다. 현재의 한글교육과 일회성 홍보행사 위주의 다문화교육으로는 외국인들의 자유와 권리, 그리고 인권을 보장하기 힘들다. 현재의 다문화교육은 한국인들의 자문화중심주의와 한글로 대표되는 한국 문화의 우월성을 강조하고 있을 뿐이다.

III. 다문화교육 담당자들이 느끼는 주체 제한의 한계

다문화교육의 주체가 결혼이주민들과 그 자녀들로 제한되면서 이들을 제외한 다문화교육의 대상자들은 교육의 권리를 행사하지 못하고 있는 실정이다. 한국의 대표적인 다문화 NGO 기관장은 대한민국 다문화교육의 주체가 편협하게 구성되면서 나타나는 문제점을 다음과 같이 이야기하였다.

연구자 : 현재 정부가 다문화교육의 대상자들을 구분하는 기준이 존재합니다. 그러한 기준의 문제점은 무엇이라고 생각하시는지 궁금합니다.

기관장 : 한국의 다문화교육은 법적으로 그 대상이 너무 좁아요. 극소수의 이주노동자 자녀, 결혼이주민 자녀, 이게 끝이잖아. 이주노동자 자녀들은 또 다 합법이어야 돼. 양 부모 다. 결국 없는 거나 마찬가지야. 그 조건 다 채우는 이들이 얼마나 되냐고. 불법도 안 되고, 망명자 자녀도 안 되고. 그럼 우리 아이들은 뭐야. 몽고 애들 다 불법이야. 또 ○○, ○○, ○○들 다 불법이야. ○○○, ○○은 불법 될 거야. 거기에 ○○은 망명자도 아니고 망명대기자야. 그럼 우리는 다문화기관이 아니잖아요. 교육부, 행정자치부 기준을 다 뒤져 봐도, 애들이 다 섞여 있으니까. 거기에 여기는 한국아이들도 있어. 그런 게 웃긴 거죠. 다문화교육은 누구누구를 위한 교육이다, 다문화교육은 이런저런 자격조건을 갖춘 아동들만 받아라, 이런 것 자체가 전혀 다문화적이지 않잖아요. 그런 기준을 다 갖춘 아동들만 교육시키는 곳을 다문화교육기관이라고 부를 수 있을지도 의문이에요.

기관장의 이야기 속에서 다문화교육 교사들이 느끼는 다문화교육 주체 선정의 문제점을 읽을 수 있다. 다문화교육을 필요로 하는 아동들이 상당수 존재함에도 불구하고, 그들을 가르치고 보육하는 것은 실정법의 위반 행위일 수 있다는 사실에 대해 그들은 분노하고 있는 것이다. 이주민센터 교육담당자도 합법적인 대상만을 다문화교육의 대상으로 선정한 현실에 대해 강한 불만을 나타내고 있었다.

연구자 : 선생님께서 기관에 몸담으시면서 다문화교육자가 된 것을 후회하신 적이 있으시다면 언제였는지 말씀해 주실 수 있으신지요?

교육담당자 : 작년 가을에 이주민센터에 법무부 담당자가 왔어요. 불법체류자들, 비자만료자 내보내라고요. 아니면 한국어교육 지원금 끊겠다고요. 그때 내가 왜 이곳에 와서 이런 일을 해야 하나라고 생각하면서…

연구자 : 그래서 결국은 불법체류하시는 분들은 내보내셨나요?

교육담당자 : 내보내지는 않고, 목사님 사택으로 모셨죠. 숨긴 거죠. (중략) 그 당시에 다문화교육이라는 것이 이주민 분들을 더 힘들게 할 수도 있구나라고 생각하면서 씁쓸했었죠.

공교육 교사들도 다문화교육의 주체가 제한되면서 자신의 교육관에 대해 갈등하고 있다는 사실을 인터뷰를 통해 밝혔다.

연구자 : 다문화교육의 대상이 결국은 결혼이주민으로 제한되고 있는 것 같습니다. 현장에서 느끼시기에 이로 인한 문제점이 있다면 어떤 점들이 있을까요?

교사 : 저희 반의 다문화가정 아이들도 대부분 결혼이주하신 분들 자녀들이죠. 그런데 얼마 전에 저희 학교에 불법체류자 자녀 한 명이 들어오려다 못 들어온 적이 있었어요. 그 아이는 결국 다른 초등학교로 갔고요. 교장선생님과 부장교사선생님들의 결론은 괜히 문제 만들지 말자라는 거였어요. 그 아이가 만약 입학했으면 우리 반에 배정되었을 텐데라고 생각하면 씁쓸하더라고요.

이들의 학습권은 교육법에 의해 보장받고 있지만 일선 학교에서 이들의 학습권은 법적 지위만큼 평등하게 행사되고 있지 못하다. 의무교육기관인 중학교로의 진학도 이들에게는 쉽지 않은 일이다.

Ⅳ. 결혼이주민과 그 자녀가 경험한 다문화교육

결혼이주민들과 그 자녀들이 다문화교육의 주체로 인정받았음에도 이들의 교육 현실이 교육적 요구와 의지를 모두 현실화시켜 주고 있지는 못한 실정이다. 결혼이주민의 경우, 한글교육과 일회성 문화체험이 교육내용의 대부분을 이루고 있으며, 이것마저도 이들의 수준과 단계를 고려하기보다는 전시적 차원에서 이루어지는 경우가 대부분이다.

연구자 : 지금 받으시는 다문화교육 좋으세요?
수렌(가명) : 좋아요. 근데 너무 쉬워요.
연구자 : 뭐가 어떻게 쉽다는 말씀이세요?
수렌 : 저는 한국말 조금 잘하는 거 같아요. 근데 다른 엄마들은 한국말 조금 못해요.
연구자 : 그러면 반을 바꾸시면 되잖아요?
수렌 : 반이 하나밖에 없어요, 여기에는. 시청에서 하는 건 여기밖에 없어서요. 여기밖에 올 수 없어요.
체첵(가명) : 맞아요. 나도 여기 너무 쉽다고 생각해요.
연구자 : 어떤 부분이 특히 너무 쉬우세요?
체첵 : 여기서 배우는 한국말 다 남편이랑 배운 거예요. 나는 밖에서 쓰는 한국말 배우고 싶어요.

수렌과 체첵으로 대표되는 결혼이주민들의 이야기를 바탕으로 다문화교육 담당자에게 교육대상자들이 느끼는 점에 대해 이야기하는 시간을 가졌다. 그 자리에서 한국어교육이 초급반 위주로 운영되는 상황에 대해 결혼이주민들이 반감을 가지고 있음을 이야기하고, 개선점은 없는지 고민해 보자고 이야기하였다.

연구자 : 어머니들이 한글교육이 너무 쉬운 수준에서 이루어진다며 불만들이 있던데 고급반이나 생활한국어 교실의 개설은 고민하고 계신지요?

담당자 : 지금 하고 있는 것도 없는 예산 짜고 짜서 하는 거 알잖아요. 솔직히 그렇게 해주면야 좋죠. 근데 그 사람들 한글학교도 잘 안 오고 하면서 불만만 많아요. 이거 해달라, 저거 해달라. 예산으로는 이것도 잘해주는 겁니다.

연구자 : 그러면 차라리 축제에 이분들 초대할 예산을 줄여서 고급반을 만들어 주면 되지 않을까요?

담당자 : 그 사람들이 그런 걸 더 좋아하는데 어쩝니까? 그 사람들이라고 어디 좋은 데 안 다니고 싶겠어요? 이런 기회에 여기저기 다니면서 콧바람 넣으면 좋잖아요.

결혼이주민들에 대한 보수교육과 수혜적 차원의 다문화교육이 이루어진다는 것은 이들이 사회적 약자라는 사실과 이들이 한국인들에 비해 낮은 사회경제적 지위를 가지고 있다는 사실을 반증하는 것이다. 이러한 사회적 인식은 그들 자녀들의 교육현실에도 영향을 끼치고 있다. 수혜적 차원의 교육만을 받은 다문화가정의 부모들에게 자녀의 학습을 지도하고 학습일정을 꼼꼼히 챙겨주는 일은 쉬운 일이 아니기 때문이다.

기관장 : 부모들이 알림장이나 숙제를 들고 센터로 찾아와요. 이게 무슨 말이냐고, 이 한국말 모르겠다고. 가르쳐 주죠, 그 자리에서 아이들 숙제를 봐주기도 하고. 근데, 그게 문제인 게 그 아이들이 중학생이 되고, 고등학생이 되어도 숙제 들고 찾아올 거냐는 거죠? 못 온단 말이죠.

이주민 부모들이 가지는 교육에 대한 낮은 관심보다 더 큰 문제는 그 자녀들 자신이 공부를 통해 얻게 될 외현적・내재적 가치가 한국 아동들에 비해 낮다는 것을 너무나 잘 알고 있다는 점이다. 다문화가정의 아동들은 "공부하기 싫어요"라는 말을 늘 입에 달고 산다. 공부 안 하면 나중에 하고 싶은 것 못한다고 겁을 주면 아동들은 피식대며 웃는다. 이들에게 공부는 목적이 없는 지루한 행위일 뿐이다. 한국 아동들이 가지는 공부의 목적과[165] 장기적인 학습계획이 이들에게는 의미가 없거나 약할 수밖에 없다. 패자가 될 수밖에 없는 게임을 하고 싶은 사람은 없다. 다문화가정 아동들은 자신의 미래를 알고 있기에 "공부하기 싫어요"를 연신 외쳐대는 것이다.

미소(가명) : 학교에서 돼지고기가 나왔는데 냄새가 이상해서 못 먹었어요. 선생님한테 말했더니 다 먹으라면서 소리를 지르셨어요. 아이들은 뒤에서 웃고 있고요. 선생님은 말로만 도와준다고 해요. 급식이 입에 안 맞아요. 그래서 밥이랑 김치만 먹었어요. 지난번에는요, 선생님이 먹으라고 해서 먹었다가 토했어요.

다문화가정 아동에게 있어서 문화적인 이질감은 학습의 저해요인이 되고 있다. 다문화가정 아동들에게 한국의 교실은 낯선 공간일 수밖에 없다. 언어문제부터 밥 먹는 일, 수업방식부터 공부하는 방법에 이르기까지 모든 것이 새롭고 낯설다. 문제는 이러한 낯섦에서 나오는 실수들이 한국 아동들의 눈에는 놀림거리로밖에 보이지 않는다는 것이다. 이러한 놀림은 단순한 놀림으로 끝나지 않는다. 따돌림이나 학교폭력으로 이어지면서 더 큰 문제들을 지속적으로 확대 재생산해 낼 수 있다.

V. 나오며 : 평생교육 및 세계시민교육 프로그램 필요

평생교육의 성패는 그 프로그램의 질에 의해 판가름난다. 다문화교육에서도 마찬가지다. 평생교육 실천의 장에서 프로그램 개발은 하나의 영역인 동시에 전체라고 할 만큼 중요하다. 평생교육 프로그램이란 지역사회의 교육문제를 인식하고, 그것을 해결하기 위한 교육계획을 수립하여 그 계획의 목표를 효과적으로 달성하기 위해 실천하는 구체적이고도 총체적인 평생교육 활동을 의미한다.[166)]

한국 사회의 다문화교육 프로그램은 크게 두 가지 특징이자 문제점을 가지고 있다. 첫째, 다문화가정 구성원들에게 제공되는 교육내용이 편중되어 있으므로 다양한 프로그램이 필요하다는 점이다. 결혼이주민의 경우, 교육내용이 주로 초급 수준의 한국어교육과 문화교육에 편중되어 있어, 한국 사회 적응을 위해 일차적으로 요구되는 한국의 법, 제도에 관한 지식이나 직업교육, 정보화교육 등 실질적 차원의 교육이 요구된다.[167)] 초중등학생의 경우, 학교 현장에서는 다문화교육을 위해 전체 학생을 대상으로 외국의 문화를 소개하거나 다문화가정 학생을 대상으로 한국의 문화를 알려주는 형식의 문화교육을 내용으로 하는 프로그램을 주로 운영하고 있어 다문화교육 목표가 문화 소개교육 차원에서 이해되고 있다.[168] 다문화교육 지원 부처나 단체는 한국어와 한국 문화 등 특정 종류의 프로그램만을 중심으로 개발 운영하고 있다. 국가 전체 수준에서 볼 때, 프로그램의 중복 개발과 예산의 비효율적 운영 문제 등을 지니고 있다. 다문화가족 청소년에 대한 지원 프로그램이 한국 사회 적응에 초점을 두고 있고, 청소년의 잠재력과 역량개발, 정체성 강화 프로그램인 이중언어 교육이나 이중 문화 프로그램, 문화적 역량 강화 프로그램 등은 거의 이루어지지 않고 있다.[169]

다문화가정의 구성원들은 당장 생계의 어려움을 해결하고 싶어 하고 이를 위해 한국어 능력을 향상시키기를 원한다. 자녀를 잘 키우고 싶어 하고, 법과 제도에 대해서도 잘 알고 싶고, 가족을 대신해 공공기관에 가서 필요한 서류작업을 할 수 있기를 원하지만 이에 대한 교육적 지원은 부족한 현실이다. 지금까지의 교육지원 내용은 다분히 공급자의 시각에서 필요하다고 판단되는 몇 가지, 즉 한국어와 한국문화, 전통에 관한 교육 제공이 대부분이었다. 이제부터는 시각을 바꾸어 수요자의 입장에서 과연 필요한 것이 무엇인지를 살펴보고 판단하는 작업이 필요하다. 이러한 역지사지(易地思之)의 관점에서 이들의 개인적 필요와 사회적 요구에 부합하는 프로그램을 제공하고자 노력해야 한다.[170]

두 번째 특징이자 문제점은 다문화교육 프로그램의 대상이 다문화가정 아동과 그 부모로 제한되어 있다는 점이다. 기존의 연구는 다문화가정 전체에 대한 교육지원 관련 문제점을 분석하였다기보다도 대부분 결혼이주민만을 주요 대상으로 다루고 있다.[171] 다문화가정을 대상으로 한 교육이 대부분 한국어교육, 한국문화체험, 상담, 자녀의 학습지원과 같은 사업들로 제한되어 있기도 하다.[172] 즉, 다문화교육 프로그램 내용이 다양하지 않았다. 아울러 프로그램 내용도 결혼이주여성에게 한국 사회의 문화와 가치를 습득하도록 구성하고 있어서 이들의 출신국가와 문화에 대한 이해를 높이는 사업들은 상대적으로 찾기가 어렵다.

다문화가정 구성원 중에서 외국인 배우자에게 초점을 맞추기도 하지만, 한국인 배우자와 그 가족에 대해서도 고려할 필요가 있다. 다문화(multiculture)라는 용어를 다문화가정을 이루는 외국인 부모나 그 자녀들로만 국한해서 이해하려는 편협한 사회적 시각에서 벗어날 필요가 있다. 예를 들면, 다문화가정의 한국인 남편과 시댁 식구, 해당 지역 주민들에 대한 교육 프로그램이 필요한 것이다.[173] 다시 말해서, 다문화가정의 최측근과 주변인들까지를 포함한 교육을 실시해야, 다문화에 대한 이해 부족과 폄하의식을 해소할 수 있고, 다문화가정에 대한 수용과 존중의 분위기를 형성할 수 있는 토대를 마련할 수 있는 것이다. 이러한 다문화교육이 직면한 문제를 해결하기 위해서는 다문화교육의 주체와 대상과 내용에 대한 제한 없이 인간 존재 모두가 함께 더불어 배울 수 있는 평생교육 및 세계시민교육[174] 프로그램의 개발이 절실하다.

Epilogue : 나, 너, 우리 모두의 다문화

"나는 이 글의 출판을 오래도록 주저해 왔다. 그리고 이 글을 쓰면서도 나는, 한 권의 책을 잘 쓸 수 있기 위해서는 몇 권의 소책자를 써본 것만으로는 쉽지가 않다는 사실을 자주 깨닫곤 했다. 더 잘 쓰기 위해 노력해 보았지만 별 뾰족한 결과를 얻지 못한 나는 이 상태 그대로 출판을 해야겠다고 마음먹기에 이르렀다. 왜냐하면 이 주제에 대해 사람들의 주의를 환기시키는 일이 중요하며, 내 생각이 비록 졸렬할지라도 그것이 더 좋은 생각을 싹트게 하는 밑거름이 된다면 내가 시간을 완전히 허비한 것만은 아니라는 판단을 했기 때문이다."

장 자크 루소의 〈에밀〉 서문에서

다문화에 대한 '다른' 생각을 정리하면서, 다문화는 나를 제외한 그들의 것이 아니라 나를 포함한 우리 모두의 것이어야 한다는 확신이 들었다. 이것이 다문화교육의 기본 덕목이기 때문이다.[175] 다양한 문화, 민족, 성, 사회계층과 개인적 배경에 관계없이 동등한 교육 기회를 얻고, 긍정적인 문화교류의 태도와 인식, 그리고 행동을 발달시키도록 돕는 과정을 다문화교육이라고 이야기하고 있다. 여기에 덧붙여, 교육 프로그램에 다문화적 가치와 철학, 그리고 태도와 감수성이 녹아 있어야만 온전한 다문화교육의 시행이 가능해질 수 있다.

그동안 대한민국 다문화교육의 주체는 외국에서 이주해 온 이주민들로 인식되어 왔다. 그들로 인해 다문화사회가 도래했으니 다문화교육도 그들을 한국에 동화시키기 위해 이루어지는 교육활동으로 인식되어 온 것이다. 그중에서도 결혼이주민들과 그 자녀들만이 대표적인 다문화교육의 대상으로 인지되어 왔다. 그들의 모국이 경제적으로 낙후되어 있다는 사실로 인해 그들의 교육은 수혜적 복지 차원의 한글교육에 머물러 왔고, 그들은 이러한 교육에 대해 불만을 나타내고 있음에도 상황은 나아지지 않고 있다. 다문화가정에 대한 왜곡된 사회적 인식은 그들의 자녀들에게도 고스란히 전해져 그들의 사회, 문화, 생활방식은 웃음거리가 되고 있다. 다문화가정 아동들의 학습 기피는 이에 기인하고 있는 것이다.

다문화교육의 주체와 대상은 모든 한국 사회의 구성원으로 확대되어야 한다. 이를 위해서는, 먼저 다문화교육에 대한 전국적인 수요 조사가 선행되어야 할 것이다. 한국인들이 어떠한 다문화적 상황에 놓여 있으며, 그들이 배워야 하는 다문화 지식과 감수성은 무엇인지에 대해 전국 수준의 조사가 이루어져야 한다. 구체적이고 실질적인 교육 요구와 상황에 대한 조사 분석이 결여된 상태에서 나오는 대책들은 임기응변의 공허한 메아리에 불과하다. 어느 사회학자의 말처럼 "개인에게 의미 없는 것은 사회적 효용성도 없을 수밖에" 없는 것이다. 그런 이후에야 소통과 비교가 보다 의미 있는 작용을 할 수 있다. 그렇게 본다면, 기존의 다문화에 대한 개념 재정립 또한 미루어 둘 수 없는 급선무임에 틀림없다.

지금껏 다문화교육은 사회적으로 '불쌍한 이'들을 위한 소극적 응급처치 방식으로 대처해 왔다. 이러한 '잘못된 만남'은 다문화교육뿐만 아니라 다문화 자체에 대한 개념의 재정립을 통해서 개선될 수 있다. 다문화교육을 언제 어디서든지 그 누구든지 실천할 수 있는 평생교육으로 통합 포용한다면 다문화교육의 주체를 구분하는 번거로움이나 다문화교육의 대상이 되는 것에 대한 부끄러움은 사라질 것이다. 그렇게 되면, 관련법을 새롭게 규정함으로써 다문화교육에 대한 교육권과 학습권을 언급하는 일도 더 이상 불필요한 작업이 될 것이다.

다문화교육은 민주적 가치와 이념에 토대를 두고 다양한 사회와 상호의존적인 세계에서 문화적 다원주의를 확대하는 데 목적을 두고 있다. 제임스 뱅크스(James Banks)는 다문화교육의 가장 기본적인 목적을 자유의 연습이라고 하였다. 즉, 각 개인이 서로를 존중하는 진정한 자유를 누릴 수 있는 능력을 길러주는 것이 다문화교육의 목표인 것이다. 이렇듯 다문화교육은 소수만을 위한 특정 프로그램이 아니라 모든 인간 존재들이 상호의존적인 세계에서 효과적으로 살아가기 위해 요구되는 태도, 기술, 지식을 가지도록 돕는 것을 목표로 하는 교육철학이다. 이러한 다문화교육의 철학은 그 실천 프로그램을 통해서 사회에 전파되고, 이를 통해 굳건한 사회적 자본이 형성될 수 있다.

하나의 문화를 이해하고 내면화하도록 교육하는 일은 몇 시간의 강의나 수업을 통해서 가능한 일이 아니다. 몇 권의 책을 읽었다고 해서 성취될 일도 아니다. 이는 각자의 삶 속에서 지속적인 실천과 연습을 통해서 체득될 일이다. 다문화에 대한 이해와 평생 배움의 실천 또한 이러한 지속적인 과정의 연속이어야 한다. 삶의 장면에 참여하고 경험을 통해 이해하는 장기간의 노력이 필요한 것이며, 이는 단순한 학교현장에서의 일시적인 행사가 아니라 평생교육 차원으로의 관점 전환과 장기적인 배움의 실천을 통해서 가능한 일이다. 다문화에 대한 배움학적 논쟁은 이미 오래된 미래다.

미 주

1) 2014년 행정안전부의 '외국인 주민 증가 추이'에 따르면, 국내 외국인 주민은 최근 5년간 1.7배 증가하여 1,589,470명으로 집계되었고, 초중고교에 재학 중인 다문화가정 학생 수는 2014년 현재 67,806명으로 나타나 2013년 대비 21.5% 증가한 것으로 나타났다[참고 : 교육부 다문화교육지원팀(2015). 2015년 다문화교육 정책 추진방향. **2015년도 교육부 지정 다문화교육 중점학교 담당자 설명회 자료집**, 3-9. 서울 : 국가평생교육진흥원].

2) 참고 : 한경구(2007). 다문화사회란 무엇인가? **다문화사회의 이해**(편). 서울 : 동녘.

3) 참고 : 김찬호(2009). **다문화교육의 전망과 현실**. 다문화 다함께 '예쁘지 않은 꽃은 없다' 발표자료.

4) 2015년 5월 19일부터 22일까지 인천 송도에서 개최된 '2015 세계교육포럼(World Education Forum 2015)'의 인천선언문(Incheon Declaration)은 "교육 2030 : 모두를 위한 포용적이고 평등한 양질의 교육과 평생학습을 향하여"라는 제목하에 총 20개 항목으로 구성되었으며, 그 전문은 다음과 같다[참고 : 이연희(2015). 인천선언 : 고등교육, 평생학습 진흥 · 균등한 기회 보장, 회원국 최소 9년의 의무교육 제공 결의. **한국대학신문**. 2015년 5월 21일자. Retrieved from http://news.unn.net/news/articleView.html?idxno=147526].

서 문

1. 우리 회원국 교육부장관과 수석대표를 포함한 대표단, 국제기구 수장 및 다자 · 양자기구 직원, 시민사회 대표, 교원, 청년 및 민간 단체의 대표들은 2015 세계교육포럼(World Education Forum 2015)을 위해 유네스코 사무총장의 초청으로 대한민국 인천에 모였습니다. 우리는 이러한 중요한 행사를 주최해 준 대한민국 정부와 국민들, 이 회의의 공동주최 협력기관(co-conveners)인 유엔아동기금, 세계은행, 유엔인구기금, 유엔개발계획, 유엔여성기구 및 유엔난민기구의 기여에 감사를 드립니다. 우리는 교육 2030을 위한 이정표가 되는 이번 행사를 주도하여 주최하고 출범시킨 유네스코에 감사를 표합니다.

2. 우리는 이러한 역사적인 기회를 통해, 1990년 좀티엔에서 출범하여 2000년 다카르에서 거듭된 모두를 위한 교육(Education for All)을 위한 범세계적 운동의 비전을 재확인합니다. 이는 최근 몇십 년간 교육에 대한 가장 중요한 선언이었으며 교육에서 중대한 진전을 이루는 데 도움이 되었습니다. 우리는 또한 교육받을 권리(right to education)와 다른 인권들과의 관계를 규정한 수많은 국제적 · 지역적 인권 조약(treaties)에 반영된 비전과 정치적 의지를 재확인합니다. 그러나 우리는 '모두를 위한 교육' 달성까지 먼 길이 남았음을 깊은 우려와 함께 인식합니다.

3. 우리는 광범위한 논의를 거쳐 발전되고 2014년 Global Education for All(EFA) 회의에서 채택된 무스캇 선언을 상기하며, 동 선언은 지속가능발전목표에 대한 공개작업반(Open Working Group)의 제안된 교육 세부목표에 성공적으로 연계되었습니다. 나아가 우리는 2015년 이후 교육에 관한 지역별 장관급 회의 결과를 상기하며 2015 EFA 글로벌현황보고서(Global Monitoring Report) 및 지역별 EFA 종합보고서의 시사점에 주목합니다. 우리는 교육을 위한 정치적 다짐을 촉발하는 데 있어서 글로벌교육우선구상(Global Education First Initiative)의 중요한 기여와 회원국 정부 및 지역기구, 국제기구, 비정부기구들의 역할을 인식합니다.

4. 우리는 2000년부터의 '모두를 위한 교육(EFA)'과 교육 관련 새천년개발목표(MDGs)를 향한 성과와 교훈을 돌아보며 남아 있는 도전과제를 검토하고, 제안된 2030 교육 의제와 실행계획(Framework for Action) 및 그 달성을 위한 미래 우선순위와 전략을 숙고하여, 이 선언문을 채택합니다.

2030년을 향해 : 교육을 위한 새로운 비전

5. 우리의 비전은 발전을 일구는 핵심 원동력으로서 교육의 지속가능발전목표 달성을 위한 중요한 역할을 인식하며, 교육을 통해 삶을 변화시키는 것입니다. 우리는 전인적이고, 야심차고, 열정적이며 아무도 뒤처지지 않도록 하는 하나의 새로워진 교육의제를 절박하게 선언합니다. 이 새로운 비전은 지속가능발전목표4("모든 이들을 위한 포용적이고 평등한 양질의 교육 보장 및 평생학습기회의 보장")와 이에 상응한 세부목표들을 충실히 반영하고 있습니다. 이 비전은 변

화를 일으키고 보편적이며, EFA 의제와 교육 관련 새천년개발목표(MDGs)의 마치지 못한 과제의 해결을 지향하며, 범지구적, 국가적인 교육 도전과제들을 다루고 있습니다. 이 비전은 교육의 인본주의적 비전과 인권과 존엄성, 사회정의, 포용성, 보호, 문화적 다양성, 공유된 책임감과 의무에 기초한 발전에 영감을 받았습니다. 우리는 교육이 공공선이고 공공의 책무이며, 기본적인 인간의 권리이며 다른 권리들의 실현을 보장하는 기초라는 것을 재확인합니다. 교육은 평화, 인간의 성취와 지속가능한 발전을 위해 필수적입니다. 우리는 평생학습적인 접근에서 교육접근성, 평등성과 포용성, 양질의 교육과 학습 성취에 대한 노력을 기울일 것입니다.

6. 지난 15년간 교육 접근성 확대를 위한 많은 성과에 고무되어, 우리는 2030년까지 12년의 공적재원으로 지원되는 무상의 평등한, 의미 있는 학습 성취로 이어지는 양질의 초중등 교육 제공을 보장할 것이며 이 중 최소 9년은 무상의무교육입니다. 우리는 모든 어린이들이 양질의 영유아 발달 보육 및 교육에 대한 접근성을 가지도록 최소 1년의 양질의 취학 전 무상의무교육을 격려(encourage)합니다. 우리는 또한 많은 학교 밖 아이들과 청소년들에게 의미 있는 교육 훈련 기회를 제공할 것을 약속합니다. 이들은 모든 어린이들이 학교에 다니고 학습할 것을 보장하는, 즉시적이고 적절한, 지속적인 조치들을 필요로 합니다.

7. 교육 내에서의, 그리고 교육을 통한 형평성과 포용은 변화를 일으키는 교육의제의 주춧돌이며, 따라서 우리는 교육 접근성, 참여 및 학습 성취에서 모든 형태의 배제와 소외, 불평등과 접근성, 참여, 학습 성취에서의 격차 문제를 해결할 것을 약속합니다. 어떤 교육목표도 모두에게 미치지 못하면 달성된 것으로 간주되지 않습니다. 따라서 우리는 교육정책에 있어 필요한 변화를 만들어 낼 것과, 누구도 뒤처지지 않도록 장애를 가진 사람들을 포함, 가장 취약한 이들에게 노력을 집중할 것을 약속합니다.

8. 우리는 모두를 위한 교육받을 권리(right to education)를 달성하는 데 양성평등의 중요성을 인식합니다. 따라서 우리는 성을 배려하는 정책, 계획 및 학습 환경과 교사 훈련 및 교육과정 내 성별 이슈의 주류화, 교내 성차별 기반 폭력의 제거를 지지할 것을 선언합니다.

9. 우리는 양질의 교육과 학습 성과 개선을 약속합니다. 이를 위해서는 투입, 과정, 결과평가 및 측정과정의 메커니즘을 강화하여야 할 것입니다. 우리는 교사 및 교육가들의 권익이 향상되고, 적합하게 채용되고, 잘 훈련되고, 전문적 자격을 갖추고 동기 부여되어 있으며, 풍부한 지원과 효율적이고 효과적인 통제 시스템에서 전문적인 지원을 받을 것을 보장할 것입니다. 양질의 교육은 창의성과 지식을 함양하고, 기초 수준의 문장해독력과 수리력뿐만 아니라 분석력, 문제해결력과 기타 높은 수준의 인지능력, 대인관계 및 사회성 기술의 습득을 보장합니다. 이는 또한 시민들이 건강하고 충만한 삶을 이끌고 현명한 결정을 내리며, 지속가능발전교육(ESD)과 세계시민교육(GCED)을 통해 지역적, 범지구적 도전에 대응할 수 있는 기술, 가치, 태도를 발전시킵니다. 이러한 측면에서, 우리는 2014년 아이치-나고야에서 열린 유네스코 ESD 세계회의에서 출범한 지속가능발전교육(ESD)을 위한 글로벌액션프로그램(Global Action Programme)의 이행을 강력히 지지합니다. 우리는 또한 Post-2015 지속가능발전의제 달성을 위한 인권 교육과 훈련의 중요성을 강조합니다.

10. 우리는 모든 상황과 모든 수준의 교육에서 모두를 위한 평생학습기회를 증진할 것을 약속합니다. 이는 양질의 직업기술교육훈련(TVET) 및 고등교육과 연구에 대한 접근성의 균등한 확대를 포함합니다. 더불어 유연한 학습경로와 비형식・무형식 교육을 통해 얻어진 지식, 기술, 역량의 인식, 인증 및 인가의 제공이 중요합니다. 우리는 모든 청년들과 성인들이, 특히 여아와 여성이, 적절하고 공인된 실용적인 문장해독력 및 수리력 수준을 갖추도록 보장하며 이들에게 성인 학습 및 교육・훈련 기회를 제공할 것을 약속합니다. 우리는 또한 과학기술혁신을 강화할 것을 약속합니다. 정보통신기술(ICT)은 교육시스템, 지식의 전파, 정보접근성, 양질의 효과적인 학습, 더 효과적인 서비스의 제공을 위해 사용되어야 합니다.

11. 나아가 우리는 또한 전 세계 학교 밖 인구의 1/3 이상이 분쟁지역에 거주하고, 위기, 교육기관에 대한 폭력과 공격, 자연재해 및 유행병이 범지구적으로 교육과 개발을 지속적으로 저해하는 것에 심각한 우려와 함께 주목합니다. 우리는 실향민・난민 등을 포함, 이러한 상황에 처해 있는 아이들, 청년들, 성인들의 교육수요를 충족하도록 보다 포용적이고 대응적이며 탄력 있는 교육시스템을 개발할 것을 약속합니다. 우리는 교육이 안전하고, 폭력으로부터 자유로운 학습 환경에서 제공될 필요성을 강조합니다. 우리는 회복과 재건, 더 잘 조율된

국가적 · 지역적 · 범지구적 대응, 분쟁상황, 긴급상황, 분쟁 이후 및 초기 회복 상황에서 교육이 유지되도록 보장하기 위한 종합적인 리스크 감소를 위한 역량 개발을 통해 긴급 상황에 대한 충분한 위기대응을 권고합니다.

공동 의제의 실현

12. 우리는 의제를 성공적으로 이행하기 위한 기본적인 책임은 각국 정부들에 있음을 재확인합니다. 우리는 책무성과 투명성을 증진하는 법적 · 정책적 체계뿐만 아니라, 참여적 거버넌스 및 모든 수준과 분야에서 조율된 파트너십을 설립하고 모든 아동 청소년 및 지역사회를 포함한 모든 이해당사자들의 참여권을 옹호할 것입니다.

13. 우리는 현행 및 계획된 지역기구와 메커니즘, 전략을 토대로 하여, 강력한 범세계적 지역적 협력, 협조, 조정 및 국가수준에서의 데이터 수집, 분석 및 보고에 기초하는 교육의제 이행 모니터링을 요청합니다.

14. 우리는 2030 교육의제의 성공이 견실한 정책 · 기획 및 효율적인 이행계획을 요구한다는 것을 인식합니다. 지속가능발전목표4(SDGs 4)의 달성이 목적에 맞는 상당한 재정지출 증대 없이는 이루어질 수 없다는 것은 자명하며, 특히 모든 수준에서 모두를 위한 양질의 교육 달성에서 가장 뒤처진 나라들에게는 더욱 그렇습니다. 따라서 우리는 각 국가별 상황에 따라 교육에 대한 공공지출을 확대하기로 결정하며, GDP 대비 최소 4~6% 또는 공공지출 대비 최소 15~20%를 교육에 할당하는 국제적 기준을 준수할 것을 촉구합니다.

15. 우리는 정부 투자를 보완하기 위한 개발협력의 중요성에 주목하며, 개발도상국, 공여국, 중간소득국가들에게 교육에 대한 재정 지원을 확대하고 국가별 수요와 우선순위에 따라 제안된 모든 세부목표의 이행을 지원하기 위한 남남협력, 삼각협력과 국제 재정 메커니즘을 제공할 것을 요청합니다. 우리는 GNP의 0.7%를 개도국 공적개발원조(ODA)에 할당하겠다는 많은 선진국들의 공약을 포함하여, ODA에 대한 모든 공약의 이행이 가장 중요하다는 것을 인식합니다. 이와 함께 우리는 이를 아직 이행하지 못한 선진국들에게 GNP의 0.7%를 개도국 ODA에 할당하는 목표 달성을 위해 추가적인 노력을 촉구합니다. 우리

는 또한 최빈국들에 대한 지원을 확대할 것을 약속합니다. 나아가 우리는 교육 지원을 위한 모든 가능한 자원을 푸는 것의 중요성을 인식합니다. 우리는 더 나은 조정과 조화를 통해, 등한시된 분야들과 저소득 국가들을 위한 재정과 원조에 우선순위를 둠으로써, 원조 효과성을 증대할 것을 권고합니다. 우리는 또한 지속적 인도주의적 위기 속의 교육에 대한 지원을 확대할 것을 권고합니다. 우리는 발전을 위한 교육에 관한 오슬로 정상회의(2015년 7월)를 환영하며 아디스아바바 개발재원총회에서 제안된 지속가능발전목표4를 지원할 것을 요청합니다.

16. 우리는 2015 세계교육포럼의 공동주최자들과 특히 유네스코와 모든 파트너들에게, 상호보완성을 고려하고 그들이 가진 권한과 비교우위에 기초하여, 기술지원, 국가 역량 강화 및 재정 지원을 통해 회원국들의 2030 교육의제 이행을 개별적으로 또 협력적으로 지원할 것을 요청합니다. 이를 위해 우리는 유네스코에게 회원국과 2015 세계교육포럼의 공동주최자들, 다른 파트너들과 협의를 거쳐 적절한 글로벌 조정 메커니즘을 개발할 것을 위임합니다. 우리는 글로벌 교육파트너십(GPE : Global Partnership for Education)을 국가들의 수요와 우선순위에 따라 의제 이행을 지원하는 다자 교육 재정플랫폼으로 인식하며, 이것이 장차 글로벌조정 메커니즘의 일부가 될 것을 권고합니다.

17. 나아가 우리는 유네스코에게 유엔의 교육을 위한 전문기구로서 2030 교육의제를 선도하고 조정하는 임무를 지속적으로 수행토록 위임합니다. 이는 특히 정치적 공약을 유지하는 옹호자(advocacy) 역할을 하고, 정책 대화와 지식 공유 및 표준설정을 촉진하며, 교육 세부목표를 향한 진전 상황을 모니터링하고, 의제이행을 지도하기 위해 범지구적 · 지역적 · 국가적 교육 주체들을 소집하고, 전반적인 지속가능발전목표(SDG)의 조정체계 내에서 교육 관련 주요 책임자로서 기능할 것입니다.

18. 우리는 정책 입안과 교육시스템 관리를, 책무성을 담보하기 위한 견실한 증거를 생산하고 포괄적인 국가별 모니터링과 평가체계를 개발할 것을 다짐합니다. 회원국들은 유네스코 통계청에 보낼 보고(reporting)의 질 향상, 세분화 정도 및 시의적절성 개선을 추구해야 합니다. 우리는 또한 EFA 글로벌현황보고서(GMR)가 SDGs의 이행 및 이행 방법을 모니터하고 검토하기 위해 만들어진 메커니즘 내에서 지속가능발전목표4 및 다른 지속가능발전목표 내 교육목

표의 모니터링과 보고 메커니즘으로서, 유네스코가 주관 · 출판하는 독립적인 글로벌교육현황보고서(GEMR)로서 지속될 것을 요청합니다.

19. 우리는 교육 2030 실행계획의 필수 요소들을 논의하였으며 이에 동의합니다. 2015년 9월 지속가능발전에 대한 유엔특별정상회의(뉴욕)와 제3차 개발재원 총회(2015년 7월 아디스아바바)의 결과를 고려하여, 최종안은 2015년 11월 제38차 유네스코 총회 때 열리는 특별장관급회의에서 제시되고 채택될 것입니다. 우리는 채택 이후, 회원국들과 파트너들이 우리 의제를 달성하도록 이들을 안내하고 영감을 주는 실행계획을 이행할 것을 약속합니다.

20. 인천선언은 좀티엔과 다카르의 유산을 토대로 하여, 교육을 위한 새로운 비전을 통해 삶을 변화시키는, 과감하고 혁신적인 행동으로 2030년까지 우리의 야심찬 목표에 도달하기 위한 우리 모두의 역사적인 약속입니다.

5) 참고 : 한건수(2007). 국내 체류 이주노동자 자녀 및 청소년 이주민의 삶과 정체성. **다문화사회의 이해**(편). 서울 : 동녘.

6) 참고 : 한준상(2007). **教育資本論**. 서울 : 학지사.

7) 특별히, 이 책이 나오기까지 함께 동행(同行)했던 한진상 교수, 조수진 선생, 김효선 선생, 방재임 박사, 박진희 선생, 천지영 선생에게 고마움을 전하며, 계속해서 학문적으로 큰 업적 이루기를 기도한다. 또한 김영임 원장님과 추미교 여사님, 김채안 소장님, 김영길 선생님, 안정희 여사에게도 감사의 마음을 전한다.

8) 이 글은 김성길(2013). 다문화 개념 재정립과 소통의 배움 원리. **Andragogy Today, 16**(1), 1-20을 수정 보완한 것임.

9) 유럽 수뇌부들의 다문화주의 포기 선언이 잇따르고 있다[참고 : 이지선 · 김향미(2011). 유럽 우파정부 '다문화주의' 정책 포기. **경향신문**. 2011년 2월 15일자] : "영국과 프랑스, 독일 정상이 잇따라 '다문화주의의 종언'을 고하고 있다. 데이비드 캐머런 영국 총리는 독일 뮌헨에서 열린 국제안보회의에서 영국의 다문화주의가 실패했다고 선언했다. 이주민을 받아들이며 그들의 문화를 인정해 온 지난 30년 동안 젊은 무슬림들이 극단주의에 쉽게 빠져들었고 주류문화와 동떨어지는 상황이 연출됐다는 이유에서다."

10) 2011년 7월, 노르웨이 우토야 섬에서 발생한 참사에 대해 어느 기자는 다음과 같이 기록하고 있다[참고 : 정의성(2011). 노르웨이 참사가 남긴 것 : 더 큰 민주주의, 더 큰 관용으로 학살에 답하라. **시사N, 제203호,** 36-39. 2011년 8월 6일자] : "7월 23일 새벽 3시, 경찰 당국은 우토야 섬에서 발생한 사망자가 최소 80명이라고 보도했다. 노르웨이 국민은 큰 슬픔과 충격에 빠졌다. 이와 함께 피의자가 당초 예상과는 달리 노르웨이 사람으로 기독교 근본주의자이며 반이민, 반이슬람을 주장하는 극우 민족주의자임이 밝혀지면서 노르웨이 사회는 더 큰 혼돈의 소용돌이 속으로 빠져들어 갔다."

11) 어느 기자는 우리나라 다문화 현실을 다음과 같이 꼬집고 있다[참고 : 신진호(2011). 우리 것 수용만 강요 : 변방으로 내몰리는 이방인들… 한국말 배워야 적응 빨라 다그쳐. **세계일보.** 2011년 3월 8일자] : "우리나라가 다문화사회로 급속도로 접어들면서 사회통합이 화두가 되고 있다. 결혼이주여성이나 외국인 노동자들이 늘면서 사회 갈등과 소수자 문제 등이 표출되기 때문이다. 결혼이주여성 등은 해마다 늘고 있지만 여전히 차별에 시달리고 사회적 위치도 낮다. 이는 우리 사회에 이들에 대한 배려가 거의 없는 탓이다. 영어권에 치우친 우리 사회는 결혼이주여성들의 출신국인 동남아시아 언어나 문화 등에 관심이 거의 없다."

12) 다문화사회의 진전에 대해 어느 학자는 다음과 같이 지적하고 있다[참고 : 김영명(2012). 다문화사회, 필연이 아니라 선택이다. **조선일보.** 2012년 7월 8일자] : "한국의 다문화담론은 결혼이주자에 대한 인권보호 측면에서 시작되었다. 낯선 한국에 와서 부딪히는 고통을 덜어주고 삶의 터전을 잡는 데 도움을 주기 위해서였다. 바람직한 출발이었다. 그러나 이미 외국인 노동자가 그보다 더 많아졌고, 앞으로 한국의 외국인 문제는 주로 이들의 문제가 될 것이다… 다문화담론이나 정책은 고용구조와 인력수급, 외국인 처우와 복지, 사회통합이라는 세 축으로 이루어져야 하는데 지금은 두 번째 축에 지나치게 치우쳐 있다."

13) 참고 : 윤인진(2010). 다문화시대 소수자 문제와 공존의 모색. **소통의 인문학과 공생사회,** 131-162. International Humanities Conference at Yonsei. 2010년 5월 14일.

14) 참고 : 양영자(2008). 한국 다문화교육의 개념 정립과 교육과정 개발 방향 탐색. 이화여자대학교 대학원 박사학위논문.

15) 참고 : 전숙자 · 박은아 · 최윤정(2009). **다문화사회의 새로운 이해.** 서울 : 도서출판 그린; 김성길 · 김효선(2011). 다문화가정 자녀들의 커뮤니케이션 저해요소 분석. **다문화콘텐츠연구, 11,** 193-233.

16) 참고 : 배영주(2009). 다문화 평생교육의 정립을 위한 체험적-호혜적 운영 원리 탐색. Andragogy Today, 12(2), 61-87; 김진희(2010). 평생학습담론에서의 다문화적 학습 맥락에 대한 비판적 이해. Andragogy Today, 13(3), 33-59; 김성길 · 한진상(2010). 다문화가정을 위한 평생교육 프로그램개발 기초연구 : 다문화교육의 주체는 누구인가? Andragogy Today, 13(2), 31-50.

17) 참고 : 성낙돈(2009). 다문화사회, 평생교육의 역할과 과제. **다문화사회로의 이행, 평생교육의 새로운 정책 패러다임**. 평생교육진흥원 주최 제2차 평생교육정책포럼 자료집, 25-64; 전영준(2009). 한국의 다문화연구 현황. **다문화콘텐츠연구**, 1, 109-130; 김종순(2010). **문화의 이해와 다문화교육**. 서울 : 소통; 조현상(2010). 한국 다문화사회 유형화에 관한 연구. **다문화가족연구**, 5, 19-48; 김성길 · 박진희(2010). **다문화 개념 비교 연구 : 다문화교육을 중심으로**. 일본국제이해교육학회 제20회 학술연구대회 발표 원고. 2010년 7월 3일. 일본성심여자대학교; 허영식(2010). **다문화사회와 간문화성**. 서울 : 강현출판사; 한준상 · 최항석 · 김성길(2012a). **배움의 사회학적 관점전환론**. 경기 : 공동체; 한준상 · 최항석 · 김성길(2012b). **배움의 쟁점과 경향**. 경기 : 공동체.

18) 한국 사회는 서구 다문화사회와 이론과 현실에서 어떠한 차이가 있는지 고찰하기 위해 국가정책의 통합성과 시민사회의 수용성을 축으로 '성숙한 다문화사회', '발전적 다문화사회', '외형적 다문화사회', '저항적 다문화사회' 등의 네 가지로 비교 분류할 수 있다[참고 : 조현상(2010). 한국 다문화사회 유형화에 관한 연구. **다문화가족연구**, 5, 19-48]. 그 결과, 정책 측면에서는 비교적 국가정책의 통합성이나 시민사회 차원의 의식수준이 높게 나타났으나, 현실에서의 다문화정책의 한계와 문제점 또한 다양하게 노출되어 한국 사회의 다문화 유형은 '발전적 다문화사회'로 나타났다. 한국 사회에서 통용되고 있는 다문화에 관한 개념들이 합의된 개념으로 사용되는지 아니면 단지 문화의 병렬관계 속에서 정확한 정의 없이 혼용되어 사용되는지 재고해 볼 필요가 있다. 왜냐하면 다문화는 본질적으로 문화의 가치와 태도를 중심으로 이문화(異文化)가 함께 공존하는 측면에서 다인종, 다민족과는 구별되어야 하기 때문이다.

19) 참고 : 김해성(2009a). 다문화시대 사회통합의 기초와 의미에 관한 연구. **시민교육연구**, 41(4), 31-49; 박천응(2009b). **다문화교육의 탄생**. 경기 : 국경 없는 마을; 김성길 · 한진상(2010). 다문화가정을 위한 평생교육 프로그램개발 기초연구 : 다문화교육의 주체는 누구인가? Andragogy Today, 13(2), 31-50.

20) 참고 : 박천응(2009b). **다문화교육의 탄생**. 경기 : 국경 없는 마을.

21) 박천응은 다문화의 새로운 시각을 다음과 같이 제시하고 있다[참고 : 박천응(2009b). **다문화교육의 탄생.** 경기 : 국경 없는 마을] : "첫째, 다문화는 다양성을 기반으로 새로운 시각으로 세상을 새롭게 바라보는 데서 출발한다. 둘째, 다문화는 관계적 관점을 가진다. 문화는 독립적이지 않고 주변 문화와 관계적이며 상호작용한다. 셋째, 문화는 지속적으로 창조된다. 문화는 독립적이지 않고 상호교육, 충돌, 전이, 지배, 호환 등의 과정을 통해 발전한다. 이제는 서로 다름을 통해서 배우고 다름의 문화적 교류가 사회를 지속적으로 새롭게 하고 풍요롭게 할 수 있는지에 대한 성숙한 성찰이 요청된다. 문화는 주어진 것이 아니라 만들어진 것으로 얼마든지 변화 가능하다. 문화는 인간의 경작 혹은 재배 행위로부터 비롯된 말로서 자연에 대응하여 먹고 살고자 하는 인간의 본능과 생산 활동과 밀접한 관련을 맺고 있다. 문화에는 정치나 경제, 법과 제도, 문학, 예술, 도덕, 종교, 풍속 등 모든 인간적 산물이 포함된다. 문화는 이러한 산물들의 관계와 산물을 둘러싼 소유와 분배의 권력, 지적 헤게모니의 형태로 나타나고 있다."

22) 다문화교육은 문화수용교육, 복수문화교육, 국제이해교육, 반편견교육, 세계화교육 등의 형태로 이루어져 왔다[참고 : Gay, G.(2000). *Culturally responsive teaching : Theory, research, and practice*. NY : Columbia University Teachers College Press ; 조용환(2007). 다문화교육의 의미와 과제. 유네스코아태국제이해교육원(편). **다문화사회의 이해 : 다문화교육의 현실과 전망.** 서울 : 동녘 ; 이관춘(2011). **호모 키비쿠스.** 서울 : 학지사]. 문화수용교육으로서 다문화교육의 목표는 다양한 인종의 학습자들에게 학업 성취감, 문화적 소속감 및 개인적 효험을 맛보게 하는 것이다. 이를 위해 교과과정 내용에 대한 지식이 중요한데, 이때 지식은 학습자들이 접근하기 쉽고 학교 밖 생활이나 경험과 연관이 있어야 효과적이다. 복수문화교육(multicultural education)은 소수 비주류 집단을 다수 주류집단의 문화에 동화(cultural assimilation)시키고자 취해왔던 용광로(melting pot) 접근의 한계에 대한 대안으로 등장한 교육이다. 사회 내부의 복수문화를 소극적 포용이 아닌 적극적 활용으로 접근해야 한다는 문화복수주의(cultural pluralism)를 배경으로, 서로 다른 문화를 질적으로 융합하는 것이 아니라 양적인 혼합하는 것이다. 국제이해교육(education for international understanding)은 유네스코(UNESCO)가 지속적으로 추진해 온 교육으로, 국제분쟁 감소와 세계평화 확산을 위해 국가 간 상호이해를 교육과 문화 차원에서 증진하는 것을 기본 취지로 삼고 있다. 하나의 국가를 문화 단위로 하여, 주로 국가기구를 통해 만남과 교류와 상호 소통에 역점을 두고 있다. 반편견교육(non-biased education)은 인종, 민족, 성 등에 따른 차별을 없앰으로써 사회 정의와 평등을 실현하려는 교육이다. 미국의 경우, 흑백 갈등을 해소하는 데 기여했으며, 유럽 또한 소수민족에 대한 차별을 해소하는 데 이바지했다. 세계화교육(globalization education)은 1990년대 이후 세계무역기구(WTO) 주도의 무역 자유화, 세계시장 활성화, 지구촌 세계 형성 등

과 함께 대두되었다. 세계화교육은 세계화 현상을 이해하고 이에 부합하는 교육 체계를 구축하는 방향으로 이루어지고 있다.

23) 참고 : Banks, J. A., & Banks, C. A. M.(1993). *Multicultural education : Issues and perspectives*. Boston : Allyn & Bacon.

24) 참고 : Holland, J.(1997). Enhancing multicultural sensitivity through teaching multiculturally in recreation. *Parks and Recreation, 32*(5), 42-50.

25) 참고 : 김문환(1999). **문화교육론**. 서울 : 서울대학교출판부.

26) 참고 : 김혜연(1997). 다문화교육에 대한 일반적인 고찰. **제주관광전문대학논집**, 3, 220-237.

27) 참고 : 서 혁(2007). 다문화가정 현황 및 한국어교육 지원방안. **인간연구**, 12, 1-24; 안병환(2009). 다문화교육의 현황과 다문화교육 접근방향 탐색. **한국교육논단**, 8(2), 155-177.

28) 참고 : 양영자(2008). 한국 다문화교육의 개념 정립과 교육과정 개발 방향 탐색. 이화여자대학교 대학원 박사학위논문.

29) 다문화와 관련한 최근의 논의는 다문화를 기술적 측면의 개념보다는 다문화주의 개념으로 확대하여 인종적 다양성을 사회의 구성 원리로 인식하고 정책으로 구체화하려는 경향이 강하다[참고 : 전숙자 · 박은아 · 최윤정(2009). **다문화사회의 새로운 이해**. 서울 : 도서출판 그린]. 다문화주의는 민주주의적 이상과 문화적 다원주의, 그리고 기회균등을 공통적으로 전제하고 있고, 다양한 문화를 인정하고 존중하는 정신을 목표로 추구한다. 각 사회와 국가들이 지닌 문화적 다양성을 수용하는 것이 민주주의를 위해 바람직할 뿐만 아니라 문화 사이의 충돌 해소와 사회통합의 전제이자 기본 원리다. 즉, 민족적 · 문화적 다양성의 존재를 넘어서 그들의 정체성을 유지 발전시켜 주는 측면으로 다문화의 개념을 확대시켜 나가고 있다. 이러한 경향은 한국 사회의 다문화적인 요인들, 즉 외국인 근로자와 국제결혼의 증가 추세를 고려해 볼 때 바람직한 것으로 볼 수 있으며, 향후 본격화될 다문화사회를 준비해 나가는 차원에서도 중요하다. 한편 다문화교육을 이해하는 데 있어서 한 국가와 사회의 다양한 집단들이 어떻게 교육과정을 통해 다루어져 왔고 이들이 자신들과 관련된 문화와 역사를 학교교육에 반영시키기 위해 어떠한 노력을 기울여 왔는가를 역사적 흐름을 통해 살펴보는 것은 중요한 작업이다. 다문화교육의 역사적 흐름과 발전과정을 통해 현재 다문화교육의 발전을 이해하고 다문화주의 내

용과 쟁점을 다루는 학교교육을 재구조화할 수 있기 때문이다[참고 : Banks, J. A., & Banks, C. A. M.(2004). *Handbook of research on multicultural education* (2nd ed.). SF : Jossey-Bass]. 예를 들어, 미국의 다문화교육은 1940~1960년대에는 간집단교육운동(intergroup education movement), 1960~1970년대에 단일민족교육(ethnicity education), 다민족교육(multiethnic education) 운동의 흐름에 이어 오늘날 다문화교육으로 발전해 왔다.

▶ **미국 다문화교육의 역사적 발전과정**

용 어	시 기	내 용
단일문화교육 (Monocultural education)	1900년대 이전	동화주의 정책 표방. 미국사회의 소수민족, 특히 유색인종의 가치와 관습, 역사를 배제
간문화교육 (Intercultural education)	1940~1960년대	미국 이민자들의 민족문화적 배경과 사회 공헌에 대한 인식. 그러나 여전히 인종분리평등정책 실시
단일민족교육 (Ethnicity education)	1960~1970년대	차이를 인정하고 소수집단의 자아정체감 발달을 존중하려는 의도. 다양한 인종문화집단의 역사와 전통을 교육과정과 내용에 반영
다민족교육 (Multiethnic education)	1960~1970년대	소수민족집단의 학생들을 위한 다문화교육이 아니라 모든 학생들을 위해 다양한 문화를 교육한다는 목표 설립
다문화교육 (Multicultural education)	1970년대 이후	다른 집단을 이해하기 위해 그들의 문화적 배경, 신념, 가치를 포괄적으로 고려해야 함. 종교, 나이, 성, 계층, 언어, 신체적 · 정신적 장애 유무에 따른 다양성까지 포함하는 개념으로서의 다문화교육으로 발전

30) 참고 : Kymlicka, W.(2004). Multicultural states and intercultural citizens. *Theory and Research in Education, 1*(2), 147-169.

31) 참고 : 김해성(2009a). 다문화시대 사회통합의 기초와 의미에 관한 연구. **시민교육연구, 41**(4), 31-49.

32) 참고 : 강용원(2012). 다문화기독교교육의 현황과 과제. **성경과 신학, 62**, 37-65.

33) 근대와 탈근대에 대한 이분법적 구분에 대비한 포용적 관점에 대해서 김욱동은 다음과

같이 언급하고 있다[참고 : 김욱동(1990). **포스트모더니즘의 이해**. 서울 : 문학과 지성사] : "포스트모더니즘이 단순히 탈모더니즘이나 반모더니즘이 아닌 것처럼 그것은 모더니즘의 후기 현상 또한 아니다. 비록 포스트모더니즘은 몇몇 중요한 면에서 모더니즘과 거의 동일한 속성을 지니고 있는 것은 사실이지만, 그것은 다른 중요한 면에서는 모더니즘과는 변별적으로 구분되기 때문이다. 극단적으로 말한다면, 탈모더니즘이나 후기 모더니즘은 포스트모더니즘이 아니라고 말할 수도 있다. 포스트모더니즘은 모더니즘의 논리적 발전이며 계승인 동시에 모더니즘에 대한 비판적 반작용이며 의식적 단절이다. 그렇기 때문에 우리는 포스트모더니즘을 '이것이냐 저것이냐'의 선택적 관점보다는 오히려 '모두 둘 다'의 포용적 관점에서 파악할 필요가 있다."

34) 참고 : 고영복(1997). **문화사회학**(편). 서울 : 사회문화연구소.

35) 신영복은 진정한 공부(工夫)는 변화와 창조로 이어져야 하며, 이러한 변화와 창조는 중심부가 아닌 주변부, 즉 변방에서 이루어진다는 점을 강조하면서, 이러한 변방이 새로운 창조 공간이 되기 위해서는 중심부에 대한 콤플렉스가 없어야 한다는 기본적인 전제를 제시하고 있다[참고 : 신영복(2015). **담론**. 서울 : 돌베개].

36) 참고 : 하경수(2012). 다문화사회의 이해와 교육의 과제. **사회과교육연구**, 19(1), 101-115.

37) 신승환은 주변부와 중심부의 이분법적 구분과 권력관계에 대한 이해를 주장하고 있다[참고 : 신승환(2003). 문화철학의 근대적 기원과 탈근대적 현상. **하이데거연구**, 8, 145-172] : "문화의 다원성은 존재론적 동일성의 원리에서 설정된 근대의 문화에서는 결코 수용할 수 없는 문화이해이다. 문화의 동일성과 중심성을 설정하는 근대성은 무엇보다 바로 이러한 원리에 기반한 것이다. 현대 문화의 다원성이란 현상은 궁극적으로는 중심부와 주변부를 설정하고 주변부에 대한 중심부의 우월적 위치와 존재론적 동일성을 강요하는 문화현상을 넘어서는 것이다. 이러한 현대 문화의 다원성의 특성을 올바르게 해명함은 탈중심성에 대한 고찰에서 주어질 것이다. 현대의 대중문화가 지니는 긍정적 의미는 여기에 있다고 말할 수 있다… 근대가 말하는 보편성과 합리성, 이성 중심의 사고는 철저히 이러한 이분법의 기준과 결정론에 따른 것이다. 그들이 말하는 보편성은 타자를 배제하고 끊임없이 주변부를 생산하는 보편성이다. 결국 계몽의 원리와 이성의 원리를 소유하지 못한 식민지의 타자를 배제하는 원리로 작동한다. 흑인과 유색인종은 말할 것도 없이 자국 내에서의 약자와 정신병자들, 집시들은 배제된다. 이러한 차별과 배제의 정신은 자신들의 공동체에서도 그대로 적용된다. 이러한 타자화의 기제는 변형된 형태로 끊임없이 계속될 뿐이다. 그들이 말하는 계몽과 자유, 해방 등의 정당한 가치들은 그럼에도 결국 차별의 보편성에 지나지 않는 것이다."

38) 신응철은 문화에 대한 이해를 단어의 정의에서부터 시작하고 있다[참고 : 신응철(2004). **철학으로 보는 문화**. 서울 : 도서출판 살림] : "독일 철학자 분트(Wundt)에 따르면, 문화는 라틴어 동사 colere[(논밭을) 갈다, 경작하다, 숭상하다]에서 그 과거분사형인 cultus[(논밭) 경작, (제신)숭배]가 나왔고, 여기에서 다시 cultura(문화, 교화)가 나왔다. 18세기 독일 계봉사상가 헤르더(Herder)에게 있어서 문화는 인간 정신의 산물로서, 정신의 도야, 인류의 문명화, 개화, 계몽, 인간화를 의미한다. 그에 따르면, 문화의 목표는 한 개인의 품성 개발에 있는 것이 아니다. 오히려 인류 공동체의 실현과 인류 공동체가 예술과 학문, 법률과 종교를 충분하게 개발하면서 자유롭고 평화로운 삶을 누리는 데 있다. 이때부터 문화는 '농토 경작'이라는 본래의 물질적 의미를 넘어서서 인간의 영적 기능에 대한 경작 혹은 양성이라는 상징적 의미로 이해되면서 그리스어 paideia(교육), 라틴어 disciplina(훈련)와 같은 의미를 지니게 되었다. 이후 칸트(Kant)에게 있어서 문화는 자연의 보호 상태(에덴동산)로부터 자유의 상태로 이행하는 과정을 뜻하게 되었고, 그런 측면에서 문화는 인간의 점진적인 자기해방 과정인 것이다. 카시러(Cassirer)는 문화를 인간의 언어활동 전체와 도덕활동 전체로 규정하고, 창조적 행위자로서 개인의 자유의 표현으로 파악하였다. 그에 따르면, 의식주를 포함한 인간 활동의 모든 산물들, 말하자면 신화, 종교, 예술, 언어, 과학, 정치, 경제, 법률 등을 모두 문화로 보고 있다."

39) 참고 : Geertz, C.(1995). *After the fact : Two countries, four decades, one anthropologist*. Cambridge, MA : Harvard University Press.

40) 크리스 젠크스는 문화의 개념을 다음 네 가지 유형으로 요약했다. 첫째, 인식 범주로서 문화는 정신의 일반적 상태로 이해된다. 이러한 문화 개념에는 완성이라는 관념, 즉 성취나 해방과 같은 개별 인간의 목표 혹은 열망이 적재되어 있다. 한 수준에서 이것은 고도의 개인주의적 철학을 반영하고, 다른 수준에서 특수성이나 차이, 심지어 '선민의식'과 인간의 우월성을 철학적으로 신봉하는 예가 된다. 둘째, 보다 구체적이고 집합적인 개념으로서 문화는 사회의 지적・도덕적 발달 상태를 의미한다. 이는 문화를 다윈의 진화론에 영향을 받은, 그리고 퇴보와 진보에 대해 상반된 견해를 보였던, 인류학을 창시한 초기 진화론자들로 알려진 사회이론가들이 보았던 문명 개념과 연결시키려는 입장으로서 19세기 제국주의와 연결되었다. 셋째, 기술적 구체적 범주로서 문화는 한 사회의 예술 및 지적 작업의 총체로 간주된다. 이것이 흔히 '문화'라는 말을 사용할 때 의미하는 바이며, 여기에는 특수성, 배타성, 엘리트주의, 전문지식, 연마 및 사회화 등과 같은 의미들이 적재되어 있다. 넷째, 사회적 범주로서 문화는 한 종족의 전체 생활 방식으로 간주된다. 이 문화 개념은 사회학과 인류학, 그리고 문화연구에서 주요 관심 영역이 되었던 다원주의적이며 잠재적으로 민주적인 문화 개념이다[참고 : Geertz, C.(1995). *After*

the fact : Two countries, four decades, one anthropologist. Cambridge, MA : Harvard University Press; 제임스 뱅크스(2008). **다문화교육 입문**(모경환 · 최충옥 · 김명정 · 임정수 공역. 원저 : Banks, J.(2007). *An introduction to multicultural education*(4th ed.). Boston : Allyn & Bacon). 서울 : 아카데미프레스].

41) 참고 : 루스 베네딕트(1980). **문화의 패턴**[김열규 역. 원저 : Benedict, R.(1934). *Pattern of culture*. MA : Houghton Mifflin Harcourt]. 서울 : 까치.

42) 참고 : 박영욱(2009). 서평 : 콘텐츠와 문화철학–문화의 발전단계와 콘텐츠. **철학, 101,** 167–172.

43) 참고 : 채영희(2008). 한일 다문화교육 비교 연구. **동북아문화연구, 17,** 179–198.

44) 참고 : Banks, J. A., & Banks, C. A. M.(1993). *Multicultural education : Issues and perspectives*. Boston : Allyn & Bacon.

45) 참고 : 신승환(2003). 문화철학의 근대적 기원과 탈근대적 현상. **하이데거연구, 8,** 145–172.

46) 참고 : 김선미(2000). 다문화교육의 개념과 사회과 적용에 따른 문제. **사회과교육학연구, 4,** 63–81.

47) 참고 : 송진숙 · 송진영(2012). 한국(韓國)의 문화(文化) : 한국 다문화교육의 이해와 실천과제. **한국사상과 문화, 62,** 331–347.

48) 참고 : 도미니크 볼통(2011). **불통의 시대 소통을 읽다**[채종대 · 김주노 · 원용옥 공역. 원저 : Wolton, D.(2009). *Informer n'est pas communiquer*. Paris : CNRS]. 서울 : 살림.

49) 참고 : 김성길(2009). **배움의 의미**. 서울 : 학지사.

50) 참고 : 박이문(2010). 지구촌에서 소통과 공생을 위한 인문학. **소통의 인문학과 공생사회,** 67–76. International Humanities Conference at Yonsei. 2010년 5월 14일.

51) 참고 : 박이문(2010). 지구촌에서 소통과 공생을 위한 인문학. **소통의 인문학과 공생사회,** 67–76. International Humanities Conference at Yonsei. 2010년 5월 14일.

52) 참고 : 도미니크 볼통(2011). **불통의 시대 소통을 읽다**[채종대 · 김주노 · 원용옥 공역.

원저 : Wolton, D.(2009). *Informer n'est pas communiquer*. Paris : CNRS]. 서울 : 살림.

53) 참고 : 도미니크 볼통(2011). **불통의 시대 소통을 읽다**[채종대 · 김주노 · 원용옥 공역. 원저 : Wolton, D.(2009). *Informer n'est pas communiquer*. Paris : CNRS]. 서울 : 살림.

54) 관용보다는 불관용의 기준이 먼저 수립되어야 한다는 주장도 있다[참고 : 권영숙(2013). 관용이 아니라 불관용이 먼저다. **프레시안**. 2013년 11월 29일자. Retrieved from http://www.pressian.com/news/article.html?no=109863] : "흔히 사람들은 관용의 문화를 찬양하지만, 나는 관용이 아니라 불관용이 먼저라고 생각한다. 불관용, 즉 어떤 행위는 도저히 용서되지 않고 용납되지 않고 단죄되어야 한다고 보는 관용불허의 행위에 대한 사회적 합의가 있어야 하는 것이다. 그리고 그에 응분의 처벌이 따르고, 그리고 사람들은 그 기준을 내면화해야 한다. 그렇게 해서 불관용은 관용의 범위를 결정해 주는 역할을 하게 되는 것이다. 따라서 관용보다 불관용의 기준을 정하는 것이 먼저다. 달리 말하면 사회적 불관용이 없다면 관용도 없다. 어찌 보면 관용은 불관용의 사실상 결과물일 뿐이다… 똘레랑스는 사회적인 것이다. 개인의 도덕적 강제에 의존하는 것이 아니다. 사회적 강제로서의 불관용이 사회적 강제로서의 관용이라는 결과를 낳게 되는 것이다. 그러므로 우리는 관용의 문화 이전에, 관용의 미덕 이전에, 불관용의 문화를 먼저 세워야 한다."

55) 신승환은 학문(學文)을 인간 지성의 노력이라고 주장한다[참고 : 신승환(2003). 문화철학의 근대적 기원과 탈근대적 현상. **하이데거연구**, 8, 145–172]. : "학문이란 구체적으로 현실에서 성찰해 낸 인간 지성의 노력이다. 그것은 대상에 대한 지식을 체계화하며 일반화하고 보편화한다. 학문은 구체적 방법론에 근거한다. 학문이 과학으로 이해되는 역사는 이들을 거의 동의어로 사용하는 데서도 볼 수 있다. 그럼에도 과학(science)이 엄격한 의미에서 특정한 방법론에 입각한 특정한 사유체계라면, 그것을 인문학이나 정신의 영역에 적용할 때는 이에 대한 이해가 전제되어야 한다. 학문이 구체적 현실에 대한 성찰에서 나온다는 말은 그것이 태어난 곳과 학문하는 사람의 총체적 상황, 예를 들어 실존적 근거, 형이상학적 의미판단, 시간과 공간의 조건, 미래에의 선험적 기획과 결단 등에 근거한다는 뜻이다. 나아가 이러한 근거를 넘어 학문은 그 대상의 숨은 원리, 내재적 질서를 드러내어 보편화하고 체계화한다. 학문은 근본적으로 이러한 보편성에 근거하고 총체성을 담지하게 된다. 여기에 학문이 지니는 내적 원리와 외적 층위의 문제가 자리한다. 학문은 내적으로는 차이와 구체적 실존의 상황을 담지하면서, 외적 근거는 보편과 총체성에 두고 있다. 그러기에 학문의 자리와 현재는 이러한 이중적 조건을 어떻게 수용하는지에 달려 있다."

56) 참고 : 마키노 에이지(2008). 다문화주의와 철학의 과제 : 글로벌라이제이션과 문화철학적 비판의 의의. **아시아문화연구**, 15, 69-90.

57) 참고 : 래리 사모바 · 리처드 포터(2007). **문화 간 커뮤니케이션 제5판**[정현숙 · 김숙현 · 최윤희 · 김혜숙 · 박기순 공역. 원저 : Samovar, L. A., & Porter, R. E.(2004). *Communication between cultures*(5th ed.). MA : Wadsworth Publishing]. 서울 : 커뮤니케이션북스.

58) 참고 : Singh, B. R.(1995). Multicultural education : Education-social aspects. *Educational Review, 4*(1), 11-25.

59) 참고 : 한준상(2007). **教育資本論**. 서울 : 학지사.

60) 여기서 인적자본이란 인간이 가지고 있거나 적절한 훈련 혹은 개별적인 배움 아래 개발할 수 있는 인간의 능력을 총칭한다. 즉, 인적자본이란 인간이 자신의 개별적 능력을 신장하기 위해 그 언제든 접하고 익히고 즐기고 만들어 낼 준비가 되어 있는 상태를 의미한다. 그에 비해 교육자본은 인적자본이 그 효력을 발휘할 수 있도록 조력하는 조건이나 환경을 의미한다. 인적자원 개발을 위한 교육적 구조와 내용 및 활동은 교육자본을 구성하기 때문에 그 종류가 다양할 수밖에 없다. 사회자본은 특정 개인이 독점하는 것이 아니라 사회적 관계를 맺은 행위자들이 공유하는 것이기에 바르게 사용할 경우 공공의 이익에 도움을 준다. 인적자본의 경쟁력을 강화한다는 점에서 사회자본의 확충은 인적자원 개발의 목표와도 일치한다. 사람들이 사회자본의 생성이나 활동에 관한 것을 공유할수록, 그리고 그 활용법을 익힐수록 개인과 지역공동체의 결속과 인적자원 개발을 위한 사람들 간의 만남은 서로의 배움을 촉진시킨다[참고 : 한준상(2007). **教育資本論**. 서울 : 학지사].

61) 참고 : 한준상(1999). **호모 에루디티오**. 서울 : 학지사.

62) 참고 : 채영희(2008). 한일 다문화교육 비교 연구. **동북아문화연구**, 17, 179-198.

63) 여기서 문화다원주의(cultural pluralism)와 다문화주의(multiculturalism)의 차이를 발견할 수 있다. 이 두 개념은 다양성을 인정하고 사회적 통합을 추구한다는 점에서는 동일하지만, 서로 전제로 하는 조건과 실현 방법이 다르다. 문화다원주의는 문화의 다원성과 다양성을 인정하면서도 거기에는 주류사회가 존재함을 전제로 하지만, 다문화주의는 주류사회의 존재를 인정하지 않고 다양한 문화가 평등하게 인정되어야 함을 강조한다[참고 : 양영자(2008). 한국 다문화교육의 개념 정립과 교육과정 개발 방향 탐색. 이화

여자대학교 대학원 박사학위논문].

64) 이 글은 김성길・박진희(2010). **다문화 개념 비교 연구 : 다문화교육을 중심으로**. 일본국제이해교육학회 제20회 학술연구대회 발표 원고를 수정 보완한 것임.

65) Castles & Miller는 각국이 이주자를 받아들이는 유형을 다음의 세 가지로 구분하였다[참고 : Castles, S., & Miller, M. J.(1998). *The age of migration : International population movements in the modern world*. NY : Builford Press]. 첫째, 차별배제모형(differential exclusion model)은 노동력 유입국 사회가 외국인 노동자나 이민자를 3D 직종 노동시장에만 허용하고 복지 혜택이나 국적, 시민권, 선거권, 피선거권을 부여하지 않는 모형으로 한국, 일본, 독일, 벨기에, 오스트리아, 스위스, 중동 산유국, 대만, 싱가포르 등이 이에 해당된다. 둘째, 동화모형(assimilation model)은 외국인 노동자 이민자가 출신국의 언어, 문화, 사회적 특성을 포기하고 주류사회의 성원이 되는 모형으로 영국, 아일랜드, 프랑스, 네덜란드 등이 여기에 해당된다. 셋째, 다문화주의 모형(multicultural model)은 이민자가 그들의 문화를 장려하고 소수민족이 주류사회와 공존하도록 하는 모형으로 미국, 캐나다, 호주, 뉴질랜드, 스웨덴 등이 여기에 해당된다.

66) 참고 : 채영희(2008). 한일 다문화교육 비교 연구. **동북아문화연구**, 17, 179-198.

67) 참고 : 양영자(2008). 한국 다문화교육의 개념 정립과 교육과정 개발 방향 탐색. 이화여자대학교 대학원 박사학위논문.

68) 참고 : 양영자(2008). 한국 다문화교육의 개념 정립과 교육과정 개발 방향 탐색. 이화여자대학교 대학원 박사학위논문.

69) 문화절대주의(cultural absolutism)는 문화를 절대적 기준으로 평가하고 우열을 가리는 태도나 관점이다. 문화절대주의에서는 어느 하나의 기준에 맞춰 다른 문화를 평가하기 때문에 고유한 특성이나 상대적 가치를 인정하지 않는다. 문화상대주의와 대립되는 개념으로서 문화절대주의의 유형으로는 자문화중심주의, 문화제국주의, 국내식민주의, 사대주의 등이 있다. 자문화중심주의는 자국의 문화를 우월하게 여기며 절대적인 기준으로 삼아 다른 문화를 비하하는 경향을 의미하며, 대표적인 예로는 중화사상이 있다. 문화제국주의는 자국의 우월성을 증명하기 위하여 다른 국가나 세력권을 공격하는 태도다. 국내식민주의는 국내의 다른 집단을 열등시하고 무시하는 태도로서, 백인의 흑인 지배가 대표적이다. 문화사대주의는 스스로 열등감을 느끼며 다른 문화를 숭배하고 찬양하는 태도로서, 대표적으로는 한국의 모화사상을 들 수 있다. 반면 문화상대주의

(cultural relativism)는 각 사회마다 그 사회를 하나의 총체적인 모습으로 지각하게 하는 문화가 다르다는 이론적 · 방법론적 · 실천적 지향으로서, 문화의 다양성을 인정하여 우열을 가리지 않는 태도나 관점이다. 이론적 지향으로서 문화상대주의는 각 사회마다 문화가 다르므로 인류학자는 가능한 한 자신의 문화를 괄호치고 연구하는 사회의 문화를 그 사회의 총체적인 맥락에 비추어 드러내야 한다고 주장한다. 다시 말하면, 비교적인 시각을 가지되 연구하는 문화를 자신의 문화에 비추어 비맥락적으로 이해해서는 안 된다는 것이다. 방법론적 지향으로서 문화상대주의는 각 사회마다 문화가 다르므로 연구자는 가능한 한 자신의 관점을 유보한 채 연구하는 사회의 문화를 내부자들의 시각으로 이해하기 위하여 참여관찰과 문화기술적 면담 등을 연구방법으로 활용해야 한다고 주장한다. 실천지향으로서 문화상대주의는 각 사회마다 문화가 다르므로 어떤 사회가 다른 사회보다 우월하다고 말할 수 없으며, 그렇게 말하고 그것에 근거하여 행동하는 것은 자문화중심주의(ethnocentrism)에 빠지는 오류를 범한다고 주장한다. 문화상대주의는 오랜 형이상학적 문제인 일(一)과 다(多)의 문제를 해결하려는 하나의 방식으로서, 인류의 다양성을 현실적인 외양으로 인정하면서 상호존중을 바탕으로 편견과 선입견, 그리고 그로 인한 불화와 갈등을 극복하는 종적 통일을 전제로 한다. 문화상대주의에 따르면, 인류 문화는 일원적으로, 혹은 한 방향으로 발전하지 않는다. 사회마다 특수한 역사적 환경 속에서 독특한 문화를 발전시켜 왔기 때문에, 그 문화를 존중하고 인정할 수 있어야 한다. 문화상대주의를 발전시킨 학자로는 문화인류학자 베네딕트(Ruth Fulton Benedict)와 섬너(William Graham Summner)를 들 수 있다. 베네딕트(Benedict)는 저서 『문화의 유형』에서 사회의 윤리가 문화의 관습에 따라 달라지며, 각 문화는 고유한 의미를 지니고 각기 다른 윤리를 형성한다고 보았다. 따라서 도덕과 윤리는 절대적인 것이라기보다는 문화의 유형에 따라 형성된 상대적인 것이다. 섬너(Summner)는 사회의 생활양식으로부터 풍습이 관습화되어 도덕으로 정착된다고 설명하면서, 그 규범 기준이 추상적일지라도 관습에 기초하기 때문에 도덕적 가치도 하나의 사회현상이라고 설명하였다.

70) 참고 : 서 혁(2007). 다문화가정 현황 및 한국어교육 지원방안. **인간연구**, 12, 1-24.

71) 참고 : 안병환(2009). 다문화교육의 현황과 다문화교육 접근방향 탐색. **한국교육논단**, 8(2), 155-177.

72) 참고 : 박천응(2009b). **다문화교육의 탄생**. 경기 : 국경 없는 마을.

73) 참고 : 박순용 · 서정기 · 한진상(2009). 질적 연구를 통한 이주아동의 삶에 관한 기독교 교육학적 이해. **기독교교육논총**, 21, 21-52.

74) 참고 : 김해성(2009b). 따귀의 기억과 다문화사회. 한국다문화교육학회 춘계학술대회 발표논문.

75) 참고 : 김성길 · 한진상(2010). 다문화가정을 위한 평생교육 프로그램개발 기초연구 : 다문화교육의 주체는 누구인가? Andragogy Today, 13(2), 31-50.

76) 참고 : 박순용 · 서정기 · 한진상(2009). 질적 연구를 통한 이주아동의 삶에 관한 기독교교육학적 이해. 기독교교육논총, 21, 21-52.

77) 참고 : 이태주(2007). 다민족 다문화사회 진전에 있어서의 사회 갈등양상과 극복과정 : 호주와 일본의 사례. 서울 : 한국여성정책연구원.

78) 참고 : 김동광(2008). 일본 다문화교육의 현황과 과제. 다문화교육의 현황과 과제. 서울 : 학지사.

79) 참고 : 전재호(2007). 이주의 세계화에 따른 한국의 외국인 정책 변화 : 일본의 사례를 참고하여. 한국과 국제정치, 23(3), 191-223.

80) 참고 : 박성혁 · 곽한영(2009). 다문화교육정책 국제비교를 통한 우리나라 다문화교육정책의 방향 모색. 시민교육연구, 41(2), 97-127.

81) 참고 : 구견서(2003). 일본에 있어서 다평등화 실태. 일본학보, 57(2), 567-584.

82) 참고 : 박성혁 · 곽한영(2009). 다문화교육정책 국제비교를 통한 우리나라 다문화교육정책의 방향 모색. 시민교육연구, 41(2), 97-127.

83) 참고 : 경기도다문화교육센터(2009). 다문화교육의 이론과 실제(편). 경기 : 양서원.

84) 참고 : 오은순(2008). 다문화교육을 위한 교수학습 지원방안(II). 서울 : 한국교육과정평가원.

85) 참고 : 김동광(2008). 일본 다문화교육의 현황과 과제. 다문화교육의 현황과 과제. 서울 : 학지사.

86) 일본의 다문화교육은 지역의 학교에서 '빼내기 수업'과 '들어가기 수업' 형태로 진행되고 있다. 빼내기 수업은 보통수업 이외에 2~3세 학생들을 빼내어 일본어와 일본의 습관, 제도 등을 가르치고 일본에서의 생활상의 요령을 지도하는 수업을 말한다. 들어가기 수업은 일종의 팀티칭으로 보통의 일본학생과 함께 있는 2~3세의 수업 현장에 외국

인 아동 등 지도원이 들어가 이들에게 교사의 강의나 지시 등을 적시에 필요에 따라 통역하고 지도하는 형태의 수업이다[참고 : 김동광(2008). 일본 다문화교육의 현황과 과제. **다문화교육의 현황과 과제.** 서울 : 학지사].

87) 신영복은 "공존과 관용을 넘어 변화와 탈주로 이어지는, '존재로부터 관계로 나아가는 탈근대 담론'을 강조하면서, 이 담론의 주체는 중심부가 아닌 주변부, 즉 변방에서 이루어진다는 사실"을 강조하고 있다[참고 : 신영복(2015). **담론.** 서울 : 돌베개].

88) 참고 : 한준상(1999). **호모 에루디티오.** 서울 : 학지사.

89) 참고 : 한준상(2007). **教育資本論.** 서울 : 학지사; 한준상(2009). **生의 痂 : 배움.** 서울 : 학지사; 한준상(2013). **生의 過 : 평생교육의 현상.** 서울 : 학지사; 한준상(2014). **生의 癒 : 평생교육의 철학.** 서울 : 학지사; 김성길(2009). **배움의 의미.** 서울 : 학지사; 최항석(2010). 평생교육으로서의 다문화주의. **시민인문학연구, 17**(1), 3-22.

90) 참고 : 한준상(2010). 다문화 시대의 배움 : 학문적 과제와 방향. **다문화 시대의 평생교육의 과제와 방향,** 231-237. 한국성인교육학회 봄 학술대회 기조강연 논문.

91) 이 글은 김성길 · 김효선(2011). 다문화가정 자녀들의 커뮤니케이션 저해요소 분석. **다문화콘텐츠연구, 11,** 193-233을 수정 보완한 것임.

92) 참고 : 양순미(2007). 농촌지역 다문화가족의 초등학생들의 학교생활적응과 가족생활 행복에 작용하는 요인. **한국심리학회지 : 여성, 12**(4), 559-576; 정윤주(2004). 또래관계 경험 및 가족지지에 따른 아동의 심리사회적 적응. **대한가정학회지, 42**(11), 1-15.

93) 참고 : 김민정(2008). 국제결혼 가족과 자녀의 성장 : '여러 종류'의 한국인이 가족으로 살아가기. **한국문화인류학, 41**(1), 51-89; 김은정(2009). 한국 청소년들의 '학생으로서의 정체성' 수용과정. **한국사회학, 43**(2), 85-129; 서 현 · 이승은(2007). 농촌지역의 국제결혼 가정 자녀가 경험하는 어려움에 관한 연구. **열린유아교육연구, 12**(4), 25-47.

94) 참고 : 김현정 · 이상은 · 조윤아(2009). 다문화가정 유아의 자아개념과 또래관계 간의 상관성 연구. **한국유아교육 · 보육행정연구, 13**(3), 271-288; 서덕희(2011). 농촌 국제결혼가정 아동들의 학교생활에 대한 맥락적 이해 : 전남 소규모 초등학교에 대한 질적 사례 연구. **교육사회학연구, 21**(2), 87-120.

95) 참고 : 김정원(2006). 국내 몽골 출신 외국인 근로자 자녀 학교교육 실태 분석. **교육사회학연구, 16**(3), 95-129; 오성배(2007a). 국제결혼가정 자녀의 교육기회 실태와 대안 모

색. **인간연구**, 12, 1-15; 서종남(2010). 결혼이민자 가정의 문제점과 해결방안 연구. **시민교육연구**, 42(1), 103-126.

96) 참고 : 황범주(2008). 다문화가정 자녀를 위한 교육정책 분석. 안양대학교 대학원 박사학위논문.

97) 참고 : 오성배(2005). 코시안 아동의 성장과 환경에 관한 사례연구. **한국교육**, 32(3), 61-83.

98) 참고 : 박순희(2009). 다문화가족 아동의 특성과 사회적응. **한국아동복지학**, 29, 125-154; 양순미(2007). 농촌지역 다문화가족의 초등학생들의 학교생활적응과 가족생활행복에 작용하는 요인. **한국심리학회지 : 여성**, 12(4), 559-576.

99) 참고 : 김갑성(2008). 한국 내 다문화가정의 자녀교육 실태조사 연구. **청소년문화포럼**, 18, 58-95; 김경근 · 백병부 · 권순정(2010). 국제결혼가정 아동의 학교적응에 관한 연구 : 서울 C초등학교 사례를 중심으로. **한국교육학연구**, 16(1), 215-245; 김민정(2008). 국제결혼 가족과 자녀의 성장 : '여러 종류'의 한국인이 가족으로 살아가기. **한국문화인류학**, 41(1), 51-89; 김정원(2006). 국내 몽골 출신 외국인 근로자 자녀 학교교육 실태 분석. **교육사회학연구**, 16(3), 95-129; 박경자 · 김송이(2007). 농촌지역 국제결혼가정 유아의 사회 · 정서 발달. **아동학회지**, 28(5), 91-108; 박순희(2009). 다문화가족 아동의 특성과 사회적응. **한국아동복지학**, 29, 125-154; 서종남(2010). 결혼이민자 가정의 문제점과 해결방안 연구. **시민교육연구**, 42(1), 103-126; 서 현 · 이승은(2007). 농촌지역의 국제결혼 가정 자녀가 경험하는 어려움에 관한 연구. **열린유아교육연구**, 12(4), 25-47; 양순미(2007). 농촌지역 다문화가족의 초등학생들의 학교생활적응과 가족생활행복에 작용하는 요인. **한국심리학회지 : 여성**, 12(4), 559-576; 오성배(2007b). 국제결혼가정 자녀(Kosian)의 교육 환경과 문제. **교육비평**, 22, 186-213; 이소희 · 최운선(2008). 국제결혼가정 자녀의 문화 정체감과 사회적 관계에 관한 연구. **한국가족복지학**, 13(3), 163-185; 이창호(2008a). 국제결혼가정 청소년의 생활 실태 및 지원방안 연구. **청소년시설환경**, 6(1), 3-15; 장덕희 · 신효선(2010). 다문화가정 자녀의 학교부적응에 미치는 환경요인. **청소년학연구**, 17(3), 123-147; 전재일 · 신효선(2008). 다문화가정 자녀의 생활환경이 학교부적응에 미치는 영향. **사회복지개발연구**, 14(3), 251-283; 조혜영 · 서덕희 · 권순희(2008). 다문화가정 자녀의 학업수행에 관한 문화기술적 연구. **교육사회학연구**, 18(2), 105-134; 한정애(2009). 다문화가정 초등학생의 학교적응 과정 분석. 경성대학교 대학원 박사학위논문; 허미화(2008). 한국 사회의 다문화적 변화와 국제결혼가정 유아의 교육환경 고찰. **유아교육연구**, 28(1), 265-281.

100) 참고 : 박순희(2009). 다문화가족 아동의 특성과 사회적응. **한국아동복지학, 29,** 125−154; 양순미(2007). 농촌지역 다문화가족의 초등학생들의 학교생활적응과 가족생활행복에 작용하는 요인. **한국심리학회지 : 여성, 12**(4), 559−576; 전재일 · 신효선(2008). 다문화가정 자녀의 생활환경이 학교부적응에 미치는 영향. **사회복지개발연구, 14**(3), 251−283; 한정애(2009). 다문화가정 초등학생의 학교적응 과정 분석. 경성대학교 대학원 박사학위논문.

101) 참고 : 김병순(2008). 다문화가정 자녀의 유치원 생활에 관한 문화기술적 연구. **청소년문화포럼, 18,** 98−139.

102) 참고 : 김현정 · 이상은 · 조윤아(2009). 다문화가정 유아의 자아개념과 또래관계 간의 상관성 연구. **한국유아교육 · 보육행정연구, 13**(3), 271−288.

103) 참고 : 박민정 · 이병인(2010). 다문화가정 유아의 교육기관 적응과정과 상호작용 행동유형에 관한 근거이론적 접근. **특수교육학연구, 45**(1), 129−151.

104) 이 글에서 다문화가정 자녀들 사이의 또래 소통을 관찰하기 위해 다문화가정 자녀들이 자유롭게 소통 기회를 가질 수 있는 공간인 '(가칭)다문화학교'를 연구 장소로 선택하였다. 다문화가정 자녀들을 위한 공간인 다문화학교는 서로 간의 이해를 통해 제도권 학교보다는 좀 더 자연스러운 상태에서 아동들의 소통 상황을 볼 수 있기 때문이다. 또한 이 글에서 표기된 이름은 모두 가명처리를 하였다[참고 : 김성길 · 김효선(2011). 다문화가정 자녀들의 커뮤니케이션 저해요소 분석. **다문화콘텐츠연구, 11,** 193−233].

105) 참고 : 조영달(2006). **다문화가정의 자녀 교육 실태조사.** 서울 : 교육인적자원부; 최충옥 · 모경환 · 김연권 · 박성혁 · 조난심 · 오은순 · 설규주 · 차조일 · 한용택 · 우희숙 · 서종남(2009). **다문화교육의 이론과 실제.** 경기 : 양서원.

106) 참고 : 교육과학기술부(2010). **다문화가정 자녀 현황(2010년 초 · 중 · 고).** 서울 : 한국교육개발원.

107) 참고 : 김민정(2008). 국제결혼 가족과 자녀의 성장 : '여러 종류'의 한국인이 가족으로 살아가기. **한국문화인류학, 41**(1), 51−89; 김정원(2006). 국내 몽골 출신 외국인 근로자 자녀 학교교육 실태 분석. **교육사회학연구, 16**(3), 95−129.

108) 참고 : 오성배(2007b). 국제결혼 가정 자녀(Kosian)의 교육 환경과 문제. **교육비평, 22,** 186−213; 최충옥 · 모경환 · 김연권 · 박성혁 · 조난심 · 오은순 · 설규주 · 차조일

・한용택・우희숙・서종남(2009). **다문화교육의 이론과 실제**. 경기 : 양서원; 한정애(2009). 다문화가정 초등학생의 학교적응 과정 분석. 경성대학교 대학원 박사학위논문.

109) 참고 : 오성배(2007a). 국제결혼 가정 자녀의 교육기회 실태와 대안 모색. **인간연구**, 12, 1-15.

110) 참고 : Han, P.(2008). Hidden 'in-betweenness' : An exploration of Taiwanese transnational identity in contemporary Japan. *Asian Ethnicity*, *9*(2), 121-132.

111) 참고 : Bledin, K.(2003). Migration, identity and group analysis. *Group Analysis*, *36*(2), 97-110.

112) 참고 : 서 현・이승은(2007). 농촌지역의 국제결혼 가정 자녀가 경험하는 어려움에 관한 연구. **열린유아교육연구**, 12(4), 25-47.

113) 참고 : 이소희・최운선(2008). 국제결혼 가정 자녀의 문화 정체감과 사회적 관계에 관한 연구. **한국가족복지학**, 13(3), 163-185.

114) 참고 : 김정원(2006). 국내 몽골 출신 외국인 근로자 자녀 학교교육 실태 분석. **교육사회학연구**, 16(3), 95-129.

115) 참고 : 서종남(2010). 결혼이민자 가정의 문제점과 해결방안 연구. **시민교육연구**, 42(1), 103-126; 서 현・이승은(2007). 농촌지역의 국제결혼 가정 자녀가 경험하는 어려움에 관한 연구. **열린유아교육연구**, 12(4), 25-47; 오성배(2007a). 국제결혼 가정 자녀의 교육기회 실태와 대안 모색. **인간연구**, 12, 1-15; 조영달(2006). **다문화가정의 자녀 교육 실태조사**. 서울: 교육인적자원부.

116) 참고 : 이창호(2008b). 다문화가정 자녀의 학교생활 실태 및 지원 방안. **교육연구정보**, 54, 54-62.

117) 참고 : 박순희(2009). 다문화가족 아동의 특성과 사회적응. **한국아동복지학**, 29, 125-154.

118) 참고 : 김기덕・박민서(2009). 다문화가정 아동의 학교생활적응에 영향을 미치는 요인에 관한 연구 : 충청남도 천안시와 아산시를 중심으로. **사회과학연구**, 48(1), 97-121.

119) 참고 : 김경근 · 백병부 · 권순정(2010). 국제결혼가정 아동의 학교적응에 관한 연구 : 서울 C초등학교 사례를 중심으로. **한국교육학연구, 16**(1), 215-245; 김효선(2009). 다문화 대안학교의 배움 저해요인에 관한 연구. 연세대학교 대학원 석사학위논문; 서 현 · 이승은(2007). 농촌지역의 국제결혼 가정 자녀가 경험하는 어려움에 관한 연구. **열린유아교육연구, 12**(4), 25-47; 전재일 · 신효선(2008). 다문화가정 자녀의 생활환경이 학교부적응에 미치는 영향. **사회복지개발연구, 14**(3), 251-283; 조혜영 · 이창호 · 권순희 · 서덕희 · 이은하(2007). **다문화가족 자녀의 학교생활실태와 교사 · 학생의 수용성 연구**. 서울 : 한국여성정책연구원.

120) 참고 : 이소희 · 최운선(2008). 국제결혼 가정 자녀의 문화 정체감과 사회적 관계에 관한 연구. **한국가족복지학, 13**(3), 163-185; 이창호(2008a). 국제결혼 가정 청소년의 생활 실태 및 지원방안 연구. **청소년시설환경, 6**(1), 3-15; 최충옥 · 모경환 · 김연권 · 박성혁 · 조난심 · 오은순 · 설규주 · 차조일 · 한용택 · 우희숙 · 서종남(2009). **다문화교육의 이론과 실제**. 경기 : 양서원.

121) 참고 : 김민정(2008). 국제결혼 가족과 자녀의 성장 : '여러 종류'의 한국인이 가족으로 살아가기. **한국문화인류학, 41**(1), 51-89; 김정원(2006). 국내 몽골 출신 외국인 근로자 자녀 학교교육 실태 분석. **교육사회학연구, 16**(3), 95-129; 양순미(2007). 농촌지역 다문화가족의 초등학생들의 학교생활적응과 가족생활행복에 작용하는 요인. **한국심리학회지 : 여성, 12**(4), 559-576.

122) 참고 : 김종두(2000). **교육과 의사소통**. 서울 : 양서원; 서혜석 · 김영혜 · 강희양 · 이난(2009). **의사소통**. 서울 : 청목출판사; 그래미 버튼 · 리차드 딤블비(2005). **인간관계와 의사소통**[이주행 · 민현식 · 서덕현 · 구현정 · 전은주 · 조재윤 · 박재현 공역. 원저 : Bruton, G., & Dimbleby, R.(1995). *Between ourselves*. London : Hodder Education]. 서울 : 한국문화사; Elena, M. P., & Pelagie, M. B.(2008). *Communication disorder : A clinical introduction*(3rd ed.). New Jersey : Pearson Education Inc.; Haynes, O. W., Moran, J. M., & Pindzola, H. R.(2006). *Communication disorders in the classroom : An introduction for professionals in school settings*. MA : Johns and Bartlett Publishers, Inc.; Robert, E. O., Dale, E. M., & Adelaide, H.(2007). *Introduction to communication disorders : A lifespan perspective*. New Jersey : Pearson Education Inc.

123) 참고 : Howes, C., Rubin, H. K., Ross, S. H., & French, C. D.(1988). Peer interaction of young children. *Monographs of the Society for Research in Child Development, 53*(1), 1-92.

124) 참고 : 박진재(2002). 아동의 또래관계 증진을 위한 사회적 기술 중재 프로그램의 효과. 연세대학교 대학원 박사학위논문; 최석란(2006). 아동의 사회적 상호작용과 또래 수용. **여성연구논총**, 20, 1-17; Bukowski, M. W., & Adams, R.(2005). Peer relationships and psychopathology : Markers, moderators, mediators, mechanisms, and meanings. *Journal of Clinical Child and Adolescent Psychology, 34*(1), 3-10; Girolametto, L., Weitzman, E., & Greenberg, J.(2004). The effects of verbal supports strategies on small-group peer interactions. *Language, Speech and Hearing Service in Schools, 35*(3), 254-268.

125) 참고 : 엄은나(2006). 유아의 의사소통 능력 향상을 위한 프로그램 구성 및 적용효과. 중앙대학교 대학원 박사학위논문.

126) 참고 : 최혜영 · 이은해(2005). 아동의 또래 상호작용과 교사신념 및 교사행동 간의 관계. **유아교육연구**, 25(5), 319-342.

127) 참고 : 박순희(2009). 다문화가족 아동의 특성과 사회적응. **한국아동복지학**, 29, 125-154.

128) 참고 : 김정원(2006). 국내 몽골 출신 외국인 근로자 자녀 학교교육 실태 분석. **교육사회학연구**, 16(3), 95-129; 최충옥 · 모경환 · 김연권 · 박성혁 · 조난심 · 오은순 · 설규주 · 차조일 · 한용택 · 우희숙 · 서종남(2009). **다문화교육의 이론과 실제**. 경기 : 양서원.

129) 참고 : 김민정(2008). 국제결혼 가족과 자녀의 성장 : '여러 종류'의 한국인이 가족으로 살아가기. **한국문화인류학**, 41(1), 51-89.

130) 참고 : 장덕희 · 신효선(2010). 다문화가정 자녀의 학교부적응에 미치는 환경요인. **청소년학연구**, 17(3), 123-147.

131) 참고 : 김종두(2000). **교육과 의사소통**. 서울 : 양서원.

132) 참고 : 김종두(2000). **교육과 의사소통**. 서울 : 양서원; 서혜석 · 김영혜 · 강희양 · 이난(2009). **의사소통**. 서울 : 청목출판사; 그래미 버튼 · 리차드 딤블비(2005). **인간관계와 의사소통**[이주행 · 민현식 · 서덕현 · 구현정 · 전은주 · 조재윤 · 박재현 공역. 원저 : Bruton, G., & Dimbleby, R.(1995). *Between ourselves*. London : Hodder Education]. 서울 : 한국문화사; 차길수(2007). 커뮤니케이션 유형과 비언어적 커뮤니케이션 요소가 서비스제공자 평가에 미치는 영향 : 서비스유형의 조절효과 분석. 경기대학교 대학원

박사학위논문; Haynes, O. W., Moran, J. M., & Pindzola, H. R.(2006). *Communication disorders in the classroom : An introduction for professionals in school settings*. MA : Johns and Bartlett Publishers, Inc.

133) 참고 : 파멜라 쿠퍼 · 체리 시몬스(2010). **교실의사소통 : 효과적인 교실 상호작용을 위한 소통방법**[이창덕 · 전인숙 · 이정우 · 김주영 · 김지연 공역. 원저 : Cooper, P. J., & Simonds, C. J.(2006). *Communication for the classroom teacher*. London : Pearson]. 서울 : 교육과학사.

134) 참고 : 서혜석 · 김영혜 · 강희양 · 이 난(2009). **의사소통**. 서울 : 청목출판사.

135) 참고 : 이수영 · 유형근 · 권순영(2010). 초등학교 고학년의 언어폭력 예방을 위한 역할놀이 중심 집단상담 프로그램 개발. **아동교육, 19**(4), 199-214.

136) 참고 : 신희경(2006). 가해청소년, 피해청소년, 가해 · 피해 청소년 집단유형의 발달에 영향을 미치는 변인. **한국청소년연구, 17**(1), 297-323.

137) 참고 : 김기영 · 심숙영 · 강성희(2006). 놀이에서의 또래 리더십에 대한 또래 상호작용의 영향력 분석. **아동권리연구, 10**(3), 297-319.

138) 참고 : 강문희 · 강연집 · 박혜련(1997). **아동문제 및 행동수정**. 서울 : 양서원.

139) 참고 : 한준아(2008). 이혼 가정 아동의 자아지각 및 문제행동. 연세대학교 대학원 박사학위논문.

140) 참고 : 김종두(2000). **교육과 의사소통**. 서울 : 양서원; 서혜석 · 김영혜 · 강희양 · 이 난(2009). **의사소통**. 서울 : 청목출판사; 차길수(2007). 커뮤니케이션 유형과 비언어적 커뮤니케이션 요소가 서비스제공자 평가에 미치는 영향 : 서비스유형의 조절효과 분석. 경기대학교 대학원 박사학위논문; 그래미 버튼 · 리차드 딤블비(2005). **인간관계와 의사소통**[이주행 · 민현식 · 서덕현 · 구현정 · 전은주 · 조재윤 · 박재현 공역. 원저 : Bruton, G., & Dimbleby, R.(1995). *Between ourselves*. London : Hodder Education]. 서울 : 한국문화사; Haynes, O. W., Moran, J. M., & Pindzola, H. R.(2006). *Communication disorders in the classroom : An introduction for professionals in school settings*. MA : Johns and Bartlett Publishers, Inc.

141) 이 글은 김성길 · 한진상(2010). 다문화가정을 위한 평생교육 프로그램개발 기초연구

: 다문화교육의 주체는 누구인가? Andragogy Today, 13(2), 31-50을 일부 수정 보완한 것임.

142) 참고 : 박천응(2009b). **다문화교육의 탄생**. 경기 : 국경 없는 마을.

143) 참고 : 김해성(2007). 구약성서의 '외국인 이주자' 개념과 한국 '이주자 선교'에 관한 연구. 한신대학교 신학대학원 박사학위논문.

144) 박천응은 현재 다문화교육의 대상자는 결혼이주민밖에 없는 셈이라고 주장한다. 이들만이 국가가 인정하는 이주정책의 수혜자들이며, 이들만이 합법적인 지위를 부여받은 이들이며, 이들만이 한국 사회의 일원으로 받아들여질 수 있기 때문이라는 것이다. 그것은 이들이 다른 이주민들과는 다르게 국가의 권장정책하에 도시빈민과 농촌 총각들의 배필로, 낮은 출산율을 높이기 위한 어머니로 역할하기 위해 입국하였기에 가능하다는 것이 그의 주장이다[참고 : 박천응(2009a). 시민사회단체와 다문화 시민성 교육. **창설과 융화를 위한 배움학의 확장**, 53-80. 한국배움학회 가을학술대회 발표논문].

145) 참고 : 교육과학기술부(2009). **2009 다문화가정 학생 맞춤형 교육지원계획 요약**. 서울 : 교육과학기술부; 보건복지부(2009). **2009년 주요 예산사업 집행현황 보고**. 서울 : 보건복지부.

146) 14~19세 사이의 학령기 다문화가정 청소년들 가운데 12%가 중도에 학업을 포기한다거나, 이들 중 43%만이 고등학교에 진학한다는 결과는 이런 다문화교육의 소외 현상을 보여주는 증거라고 할 수 있다[참고 : 유네스코 아시아 태평양 국제이해교육원(2007). **다문화사회의 이해 : 다문화교육의 현실과 전망**(편). 서울 : 동녘]. 또한 초등학교와 중학교에 재학 중인 다문화가정 아동들의 학업만족도가 낮고, 학교생활에 대해 불만을 느끼며, 인간관계에서 어려움을 겪고 있다는 연구결과들이 또 다른 예라고 할 수 있다[참고 : 오성배(2006). 한국 사회의 소수 민족(ethnic minority), '코시안(Kosian)' 아동의 사례를 통한 다문화 교육의 방향 탐색. **교육사회학연구**, 16(4), 137-157; 배은주(2007). '차별'과 '동화' : 초등학교 이주노동자 자녀들의 학교생활과 갈등. **교육비평**, 22, 214-232]. 다문화가정 아동의 63% 정도가 초등학교에 재학 중이라는 사실은[참고 : 통계청(2009). **2009 혼인통계 결과**. 서울 : 통계청], 조만간 이들이 중고등학교를 거쳐 사회인이 되었을 때, 경우에 따라서는 이들에 대한 교육소외가 하나의 사회문제가 될 수 있음을 예측하게 한다.

147) 참고 : 최항석(2010). 평생교육으로서의 다문화주의. **시민인문학연구**, 17(1), 3-22.

148) 국내 다문화가정 학생 수 현황은 다음과 같다[참고 : 교육부(2015). 2015년 다문화 학생 교육지원 계획 발표. **교육부 보도자료.** 2015년 3월 17일자].

(단위 : 명)

구분	2012년도				2013년도				2014년도			
	초	중	고	계	초	중	고	계	초	중	고	계
한국 출생	29,303	8,196	2,541	40,040	32,831	9,174	3,809	45,814	41,575	10,325	5,598	57,498
중도 입국	2,676	986	626	4,288	3,065	1,144	713	4,922	3,268	1,389	945	5,602
외국인 자녀	1,813	465	348	2,626	3,534	976	534	5,044	3,454	811	441	4,706
계	33,792	9,647	3,515	46,954	39,430	11,294	5,056	55,780	48,297	12,525	6,984	67,806
비율	74.1%	19.7%	6.2%	100%	70.7%	20.3%	9.0%	100%	71.2%	18.5%	10.3%	100%

149) 참고 : 한진상(2010). NGO 다문화교육기관 교사들의 갈등에 관한 질적 연구. **교과교육연구, 14**(1), 120-138 : 우선, 다문화교육을 실시하는 학교의 절대적인 숫자 자체가 적다. 다문화교육을 실시하는 학교들은 다문화중점학교를 포함하여 123개교지만, 다문화교육을 담당하는 NGO들의 숫자는 439개에 이른다[참고 : 교육과학기술부(2008). **다문화가정 학생 교육 지원 방안 발표.** 서울 : 교육과학기술부]. NGO에 소속된 2,547명의 다문화교사의 수도 공교육기관과 공공기관에 소속된 교사의 수 1,072명을 압도한다[참고 : 박천응(2009b). **다문화교육의 탄생.** 경기 : 국경 없는 마을]. 학교교사들의 다문화교육 관련 업무는 특별반이나 방과 후 교실에서 하루 평균 2시간 정도 다문화가정 아동을 지도하는 것이 전부인 실정이다[참고 : 한경구・한건수(2007). 한국적 다문화사회의 이상과 현실 : 순혈주의와 문명론적 차별을 넘어. **한국적 다문화주의 이론화 최종보고서,** 71-116. 서울 : 한국사회학회 동북아시대위원회]. 이에 비해, NGO의 교사들은 갓난아이부터 중고등학생까지 다양한 연령의 아동들의 교육을 담당하며, 하루 평균 7시간 이상을 다문화교육활동에 할애하고 있다[참고 : 국경 없는 마을(2007). **국경 없는 마을.** 서울 : 국경 없는 마을].

150) 다문화 학생에 대한 중앙정부의 노력이 전혀 없던 것은 아니다[참고 : 교육부(2015). 2015년 다문화 학생 교육지원 계획 발표. **교육부 보도자료.** 2015년 3월 17일자]. 초중고교 학령인구는 매년 감소하는 데 비해, 다문화 학생 수는 지속적으로 증가하여 2014

년 전체 초중고교 학생의 1%를 넘어선 것으로 나타났다. 특히 다문화가정의 미취학 아동 12만 명이 향후 초중등교육에 진입하는 등 다문화 학생은 지속적으로 증가할 것으로 예측된다. 이에 교육부는 2015년부터 유치원 단계에서 다문화 학생의 특성을 고려한 '선제적 맞춤형 교육'을 실시하고, 문화 다양성을 수용하는 '다문화 이해교육 확대'와 '범부처 협업 및 지역 내 연계'를 강화하는 '2015년 다문화 학생교육지원 계획'을 발표하였다. 그 주요 내용은, 첫째, 맞춤형 교육으로 기초학력 및 진로교육을 강화한다. 다문화 아동에게 취학 전 동등한 출발점을 보장하기 위해 유치원 단계부터 언어 및 기초학습 등을 지원하는 다문화 유치원 30개를 선정하여 시범운영한다. 또한 한국어 집중 교육이 필요한 중도입국학생 및 외국인 학생 등에게 한국어와 한국 문화 적응 프로그램을 제공하는 예비학교를 종전 80교에서 100교로 확대 운영한다. 또한 다문화 학생의 특성에 맞는 맞춤형 한국어 교육을 실시하기 위해 한국어(KSL) 교육과정을 보완하며, 한국어 성취 정도를 평가할 수 있는 측정도구를 개발 적용하여 한국어 습득 및 학업성취를 지원할 계획이고, 다문화 학생의 기초학력 제고를 위해 개별학습을 지원하는 대학생 멘토링 사업도 실시하며, 이중언어, 수학・과학, 예체능 등에 우수한 다문화 학생을 발굴하여 전문교육을 실시하는 글로벌 브릿지 사업 운영 대학도 기존 10개 대학에서 17개 대학으로 확대 운영한다. 또한 일반고 재학 다문화 학생이 직업교육을 희망하는 경우 직업교육을 지원할 수 있는 기관을 종전 10개 기관에서 15개 기관으로 확대 운영한다. 둘째, 다문화 이해 교육을 강화한다. 일반학생의 다문화 수용도 및 이해도를 높이기 위해 다문화 중점 학교 150개교를 지정 운영하며, 우수 교육사례를 발굴하여 타 학교로 전파할 수 있도록 할 계획이다. 예비 및 현직교원의 다문화 학생 이해를 제고하고 다문화 학생의 지도능력을 강화하기 위해 각종 직무 및 자격연수에 다문화 이해 교육을 온・오프라인으로 진행한다. 또한 자녀와 소통, 학교생활 및 진로・진학 등에 대한 정보제공, 간담회 등 학부모 교육을 실시하여 다문화 학생의 건강한 성장환경 조성을 지원한다. 셋째, 부처 간 연계, 지역 내 연계를 통한 정책 효율성을 제고한다. 지역 내 다문화 정책자원을 연계 활용하여 학교의 다문화교육을 지원하는 지역다문화교육 모델을 개발하기 위한 시범사업을 2015년 5개 시도교육청(제주, 울산, 강원, 경기, 충남)에서 실시할 계획이다. 그 밖에 다문화 학생의 교육지원과 관련하여 사회부처관계장관회의를 통해 부처 공동으로 다문화 미취학 아동에 대한 교육지원, 다문화 학부모교육, 중도입국 학생의 공교육 진입 지원, 다문화 교육자료 연계 활용 등에 대한 대책도 마련할 예정이다.

151) 참고 : 유네스코 아시아 태평양 국제이해교육원(2007). **다문화사회의 이해 : 다문화교육의 현실과 전망**(편). 서울 : 동녘.

152) 참고 : 김병순(2008). 다문화가정 자녀의 유치원 생활에 관한 문화기술적 연구. **청소년문화포럼, 18,** 98-139; 김정원(2006). 국내 몽골 출신 외국인 근로자 자녀 학교교육 실태 분석. **교육사회학연구, 16**(3), 95-129; 김효선(2009). 다문화 대안학교의 배움 저해요인에 관한 연구. 연세대학교 대학원 석사학위논문; 김효선 · 조수진(2010). 교육부 '다문화가정 자녀 교육 지원방안'의 분석과 현장 적용실태파악 연구. **연세학술논집, 50,** 201-226; 배영주(2009). 다문화 평생교육의 정립을 위한 체험적-호혜적 운영 원리 탐색. **Andragogy Today, 12**(2), 61-87; 배은주(2006). 한국 내 이주노동자 자녀들의 학교생활에서의 갈등해결방안. **교육인류학연구, 9**(2), 25-55; 오성배(2007a). 국제결혼가정 자녀의 교육기회 실태와 대안 모색. **인간연구, 12,** 1-15.

153) 참고 : 배은주(2006). 한국 내 이주노동자 자녀들의 학교생활에서의 갈등해결방안. **교육인류학연구, 9**(2), 25-55.

154) 참고 : 박천응(2009a). 시민사회단체와 다문화 시민성 교육. **창설과 융화를 위한 배움학의 확장,** 53-80. 한국배움학회 가을학술대회 발표논문.

155) 참고 : 한 준 · 한신갑 · 신동엽 · 구자숙(2007). 한국인의 문화적 경계와 문화적 위계구조. **문화와 사회, 2,** 29-53.

156) 참고 : 위르겐 하버마스(2003). **인간이라는 자연의 미래**[장은주 역. 원저 : Habermas, J.(2002). *Die Zukunft der menschlichen Natur : Auf dem Weg zu einer liberalen Eugenik?* Auflage : Suhrkamp Verlag]. 서울 : 나남출판.

157) 참고 : 페르디낭 드 소쉬르(2007). **일반언어학 노트**[김현권 · 최용호 공역. 원저 : Saussure, F. D.(2002). *Ecrits de linguistique générale*(éd. par Simon Bouquet; Rudolf Engler, Antoinette Weil). Paris : Gallimard]. 서울 : 인간사랑.

158) 참고 : 박천응(2009b). **다문화교육의 탄생.** 경기 : 국경 없는 마을.

159) 일본출신 결혼이주민들의 경우, 특정 종교의 국제결혼장려로 인해 한국남성과 결혼한 이들이 대부분이다. 즉, 이들의 이주 동기는 경제적 동기가 아닌 종교적 동기로서, 다른 결혼이주민들과 구분된다[참고 : 박천응(2009b). **다문화교육의 탄생.** 경기 : 국경 없는 마을].

160) 참고 : 오성배(2005). 코시안 아동의 성장과 환경에 관한 사례연구. **한국교육, 32**(3), 61-83.

161) 참고 : 보건복지부(2005). **2005년 보건복지부의 결혼이민자 실태조사 보고서.** 서울 : 보건복지부.

162) 참고 : 교육인적자원부(2006) **다문화가정 자녀 교육지원 계획.** 서울 : 교육인적자원부.

163) 참고 : 박순용(2008). 대학에서의 효과적인 다문화 교육의 내용구성에 대한 고찰. **미래교육연구, 21**(1), 69-85.

164) 참고 : 박순용(2008). 대학에서의 효과적인 다문화 교육의 내용구성에 대한 고찰. **미래교육연구, 21**(1), 69-85.

165) KBS 〈추적 60분〉 조사팀이 서울의 초등학생들에게 '공부하는 이유'에 대해 물었다고 한다. 결과는 70%가 넘는 학생들이 '좋은 대학에 가기 위해서'라고 답했고, 40%의 학생들은 '부모님이 시켜서, 혹은 부모님의 기대에 맞추기 위해서'라고 답했으며, 비슷한 정도의 학생들이 '남들 다 하니까'라는 대답을 했다고 한다.

166) 평생교육 관점에서 교육 프로그램을 작성하는 방법은 학교교육의 그것과는 차이점이 있다. 학교교육은 기본적으로 정형화된 교육과정에 의해 교수자 중심으로 수업이 진행된다. 이에 비해 평생교육에서는 기관 혹은 대상별로 유연성 있는 프로그램을 학습자에게 제공한다. 즉, 학습자 중심으로 강의가 진행된다. 이러한 차이 때문에, 학교에서는 교육내용을 교육과정(curriculum)이라고 하고, 평생교육에서는 프로그램(program)이라고 한다[참고 : 기영화(2001). **평생교육 프로그램 개발.** 서울 : 학지사].

167) 참고 : 박성혁 · 곽한영(2008). 다문화교육 관련 법령의 문제점과 개선방향. **교과교육학연구, 12**(3), 687-707 ; 이재분(2009). 신취약계층(다문화가정)을 위한 교육복지정책의 추진방향과 향후과제. **교육개발, 35**(4), 33-39.

168) 참고 : 이재분(2009). 신취약계층(다문화가정)을 위한 교육복지정책의 추진방향과 향후과제. **교육개발, 35**(4), 33-39 ; 조영달 · 윤희원 · 김순희(2008). **다문화가정 자녀를 위한 다문화교육 교재 저술 : 다문화교육 연구방법을 중심으로.** 서울 : 교육과학기술부.

169) 참고 : 이창호(2008b). 다문화 가정 자녀의 학교생활 실태 및 지원 방안. **교육연구정보, 54**, 54-62.

170) 기본적으로 다문화가정에게 교육을 제공하는 부처와 기관, 제공 프로그램은 다양하다. 교육의 종류를 살펴보면, 한국어교육이 가장 일반적으로 실시되고 있으며 문화교육에서 요리교육, 사회적응 프로그램, 컴퓨터, 자녀학습 지원에 이르기까지 다문화

가정의 안정적인 정착과 사회통합을 위한 다양한 서비스가 제공되고 있다[참고 : 김미숙(2009). 영유아 자녀를 둔 어머니의 양육스트레스에 관한 비교연구 : 내국인과 결혼 이민자를 중심으로. 성결대학교 대학원 박사학위논문]. 이렇게 볼 때, 한국어와 한국 문화 적응에 대한 기본 교육이 무조건 비판을 받아야 하는 것은 아니다. 다만, 기본적인 교육도 필요하지만, 학습자에게 실질적으로 필요하고 그들의 요구조건에 맞는 다양한 프로그램들을 더욱더 활성화시킬 수 있어야 한다는 것이다. 이를 위해서는 무엇보다도 먼저, 새롭고 다양한 프로그램의 개발과 더불어, 다양한 프로그램을 적용하고 수용하기를 원하는 주체와 대상들의 다양한 요구에도 민감할 필요가 있다.

171) 참고 : 김미숙(2009). 영유아 자녀를 둔 어머니의 양육스트레스에 관한 비교연구 : 내국인과 결혼이민자를 중심으로. 성결대학교 대학원 박사학위논문.

172) 참고 : 문순영(2007). **현행법(안)을 통해 본 국제결혼 여성이주민을 위한 사회적 지원체계에 대한 탐색적 연구**. 서울 : 한국여성정책연구원.

173) 참고 : 조현미(2008). 고령군의 다문화가정 지원현황과 과제. **한국지역지리학회지, 14**(4), 347-366.

174) 세계시민교육(GCED : Global Citizenship Education)은 2015년 세계교육포럼의 주요 교육의제로서, 인류 보편의 평화, 인권, 다양성 등에 대한 지식과 기술을 습득하고 가치를 내면화하며 책임 있는 태도를 함양하는 교육을 말한다. 세계시민교육은 창의적 사고를 바탕으로 하여 글로벌 현안을 토론하며, 인류 보편의 가치를 내재화하고 문제해결에 참여하는 과정으로서, 유네스코는 변혁적 교수법과 평생학습을 강조하며 학습자 중심의 학습을 장려하는 등 다양한 접근 방법을 제시하고 있다. 세계시민교육의 목표 역량과 실행 방법은 다음과 같다[참고 : 교육부 홍보담당관실(2015). 2015 세계시민교육(GCED) 중앙선도교사 발대식. **교육부 보도자료**. 2015년 3월 20일자].

▶ 세계시민교육의 목표 역량

인지적 역량	사회·정서적 역량	행동적 역량
전 지구적 과제들과 세계의 상호의존성, 보편적 가치에 대한 지식과 깊은 이해를 가지고, 비판적·체계적·창의적으로 사고하는 역량	인류 공동체의 일원으로서의 소속감을 바탕으로 다양성에 대한 존중, 세계시민으로서의 공감과 연대의식, 가치와 책임감을 공유하는 역량	더 평화롭고 정의로운 세상을 위해 지역, 국가, 국제적 차원에서 전 지구적 과제들의 해결 방법을 찾기 위해 협력하고 책임감 있게 행동하는 역량

▶ 세계시민교육의 실행 방법

구 분	실행 예시
교육과정	도덕, 사회 등 관련 교과목의 교과과정, 융합교육과정 등에 반영
정보통신기술 활용	ICT 기술을 활용, 타 국가 학생과 연결하여 타 문화 및 글로벌 현안 이해
예술 · 체육과 연계	스포츠를 통한 타인 존중, 공동체의식, 공정성 학습, 예술을 통한 교류
교사 역량 강화	교사 연수, 국제 교사 교류를 통한 국제이해교육 및 다문화교육
청소년 활동	청소년 주도의 지역사회기반 및 국제 단위의 활동

175) 참고 : 제임스 뱅크스(2008). **다문화교육 입문**[모경환 · 최충옥 · 김명정 · 임정수 공역. 원저 : Banks, J.(2007). *An introduction to multicultural education* (4th ed.). Boston : Allyn & Bacon]. 서울 : 아카데미프레스.

참고문헌

강문희 · 강연집 · 박혜련(1997). **아동문제 및 행동수정**. 서울 : 양서원.

강용원(2012). 다문화기독교교육의 현황과 과제. **성경과 신학**, 62, 37-65.

경기도교육청(2008). **다문화교육의 이해와 실제**. 경기 : 경기도교육청 초등교육과.

경기도다문화교육센터(2009). **다문화교육의 이론과 실제**(편). 경기 : 양서원.

고영복(1997). **문화사회학**(편). 서울 : 사회문화연구소.

교육과학기술부(2008). **다문화가정 학생 교육 지원 방안 발표**. 서울 : 교육과학기술부.

____________(2009). **2009 다문화가정 학생 맞춤형 교육지원계획 요약**. 서울 : 교육과학기술부.

____________(2010). **다문화가정 자녀 현황**(2010년 초 · 중 · 고). 서울 : 한국교육개발원.

교육부 다문화교육지원팀(2015). 2015년 다문화교육 정책 추진방향. **2015년도 교육부 지정 다문화교육 중점학교 담당자 설명회 자료집**, 3-9. 서울 : 국가평생교육진흥원.

교육부 홍보담당관실(2015). 2015 세계시민교육(GCED) 중앙선도교사 발대식. 교육부 보도자료. 2015년 3월 20일자.

교육부(2015). 2015년 다문화 학생 교육지원 계획 발표. 교육부 보도자료. 2015년 3월 17일자.

교육인적자원부(2006) **다문화가정 자녀 교육지원 계획**. 서울 : 교육인적자원부.

구견서(2003). 일본에 있어서 다평등화 실태. **일본학보**, 57(2), 567-584.

국경 없는 마을(2007). **국경 없는 마을**. 서울 : 국경 없는 마을.

권영숙(2013). 관용이 아니라 불관용이 먼저다. **프레시안**. 2013년 11월 29일자.

그래미 버튼 · 리차드 딤블비(2005). **인간관계와 의사소통**[이주행 · 민현식 · 서덕현 · 구현정 · 전은주 · 조재윤 · 박재현 공역. 원저 : Bruton, G., & Dimbleby, R.(1995). *Between ourselves*. London : Hodder Education]. 서울 : 한국문화사.

기영화(2001). **평생교육 프로그램 개발**. 서울 : 학지사.

김갑성(2008). 한국 내 다문화가정의 자녀교육 실태조사 연구. **청소년문화포럼**, 18, 58-95.

김경근 · 백병부 · 권순정(2010). 국제결혼 가정 아동의 학교적응에 관한 연구 : 서울 C초등학교 사례를 중심으로. **한국교육학연구**, 16(1), 215-245.

김기덕 · 박민서(2009). 다문화가정 아동의 학교생활적응에 영향을 미치는 요인에 관한 연구 : 충청남도 천안시와 아산시를 중심으로. **사회과학연구**, 48(1), 97-121.

김기영·심숙영·강성희(2006). 놀이에서의 또래 리더십에 대한 또래 상호작용의 영향력 분석. 아동권리연구, 10(3), 297-319.
김동광(2008). 일본 다문화교육의 현황과 과제. 다문화교육의 현황과 과제. 서울 : 학지사.
김문환(1999). 문화교육론. 서울 : 서울대학교출판부.
김미숙(2009). 영유아 자녀를 둔 어머니의 양육스트레스에 관한 비교연구 : 내국인과 결혼이민자를 중심으로. 성결대학교 대학원 박사학위논문.
김민정(2008). 국제결혼 가족과 자녀의 성장 : '여러 종류'의 한국인이 가족으로 살아가기. 한국문화인류학, 41(1), 51-89.
김병순(2008). 다문화가정 자녀의 유치원 생활에 관한 문화기술적 연구. 청소년문화포럼, 18, 98-139.
김서현·진미정(2012). 비판적 다문화교육을 위한 가정과 교수·학습 자료 개발 및 타당화 연구 : 미디어 리터러시를 중심으로. 한국가정과교육학회지, 24(3), 1-34.
김선미(2000). 다문화교육의 개념과 사회과 적용에 따른 문제. 사회과교육학연구, 4, 63-81.
김성길(2009). 배움의 의미. 서울 : 학지사.
______(2013). 다문화 개념 재정립과 소통의 배움 원리. Andragogy Today, 16(1), 1-20.
김성길·김효선(2011). 다문화가정 자녀들의 커뮤니케이션 저해요소 분석. 다문화콘텐츠연구, 11, 193-233.
김성길·박진희(2010). 다문화 개념 비교 연구 : 다문화교육을 중심으로. 일본국제이해교육학회 제20회 학술연구대회 발표 원고. 2010년 7월 3일. 일본성심여자대학교.
김성길·한진상(2010). 다문화가정을 위한 평생교육 프로그램개발 기초연구 : 다문화교육의 주체는 누구인가? Andragogy Today, 13(2), 31-50.
김영명(2012). 다문화사회, 필연이 아니라 선택이다. 조선일보. 2012년 7월 8일자.
김욱동(1990). 포스트모더니즘의 이해. 서울 : 문학과 지성사.
김은정(2009). 한국 청소년들의 '학생으로서의 정체성' 수용과정. 한국사회학, 43(2), 85-129.
김정원(2006). 국내 몽골 출신 외국인 근로자 자녀 학교교육 실태 분석. 교육사회학연구, 16(3), 95-129.
김종두(2000). 교육과 의사소통. 서울 : 양서원.
김종순(2010). 문화의 이해와 다문화교육. 서울 : 소통.
김진호(2009). 다문화교육 : 이론과 실제. 서울 : 학지사.
김진희(2010). 평생학습담론에서의 다문화적 학습 맥락에 대한 비판적 이해. Andragogy Today, 13(3), 33-59.
김찬호(2009). 다문화교육의 전망과 현실. 다문화 다함께 '예쁘지 않은 꽃은 없다' 발표자료.
김해성(2007). 구약성서의 '외국인이주자' 개념과 한국 '이주자 선교'에 관한 연구. 한신대학교 신학대학원 박사학위논문.

_____(2009a). 다문화시대 사회통합의 기초와 의미에 관한 연구. **시민교육연구**, 41(4), 31-49.

_____(2009b). **따귀의 기억과 다문화사회**. 한국다문화교육학회 춘계학술대회 발표논문.

김현정・이상은・조윤아(2009). 다문화가정 유아의 자아개념과 또래관계 간의 상관성 연구. **한국유아교육・보육행정연구**, 13(3), 271-288.

김혜연(1997). 다문화교육에 대한 일반적인 고찰. **제주관광전문대학논집**, 3, 220-237.

김효선(2009). 다문화 대안학교의 배움 저해요인에 관한 연구. 연세대학교 대학원 석사학위논문.

김효선・조수진(2010). 교육부 '다문화가정 자녀 교육 지원방안'의 분석과 현장 적용실태 파악 연구. **연세학술논집**, 50, 201-226.

네이선 글레이저(2009). **우리는 이제 모두 다문화인이다**[서종남・최현미 공역. 원저 : Glazer, N.(1998). *We are all multiculturalists now*. MA : Harvard University Press]. 서울 : 미래를 소유한 사람들.

도미니크 볼통(2011). **불통의 시대 소통을 읽다**[채종대・김주노・원용옥 공역. 원저 : Wolton, D.(2009). *Informer n'est pas communiquer*. Paris : CNRS]. 서울 : 살림.

래리 사모바・리처드 포터(2007). **문화 간 커뮤니케이션** 제5판[정현숙・김숙현・최윤희・김혜숙・박기순 공역. 원저 : Samovar, L. A., & Porter, R. E.(2004). *Communication between cultures*(5th ed.). MA : Wadsworth Publishing]. 서울 : 커뮤니케이션북스.

루스 베네딕트(1980). **문화의 패턴**[김열규 역. 원저 : Benedict, R.(1934). *Pattern of culture*. MA : Houghton Mifflin Harcourt]. 서울 : 까치.

마키노 에이지(2008). 다문화주의와 철학의 과제 : 글로벌라이제이션과 문화철학적 비판의 의의. **아시아문화연구**, 15, 69-90.

문순영(2007). **현행법(안)을 통해 본 국제결혼 여성이주민을 위한 사회적 지원체계에 대한 탐색적 연구**. 서울 : 한국여성정책연구원.

박경자・김송이(2007). 농촌지역 국제결혼 가정 유아의 사회・정서 발달. **아동학회지**, 28(5), 91-108.

박민정・이병인(2010). 다문화가정 유아의 교육기관 적응과정과 상호작용 행동유형에 관한 근거이론적 접근. **특수교육학연구**, 45(1), 129-151.

박성혁・곽한영(2008). 다문화교육 관련 법령의 문제점과 개선방향. **교과교육학연구**, 12(3), 687-707.

____________(2009). 다문화교육정책 국제비교를 통한 우리나라 다문화교육정책의 방향 모색. **시민교육연구**, 41(2), 97-127.

박순용(2008). 대학에서의 효과적인 다문화 교육의 내용구성에 대한 고찰. **미래교육연구**, 21(1), 69-85.

박순용 · 서정기 · 한진상(2009). 질적 연구를 통한 이주아동의 삶에 관한 기독교교육학적 이해. **기독교교육논총**, 21, 21-52.

박순희(2009). 다문화가족 아동의 특성과 사회적응. **한국아동복지학**, 29, 125-154.

박영욱(2009). 서평 : 콘텐츠와 문화철학-문화의 발전단계와 콘텐츠. **철학**, 101, 167-172.

박이문(2010). 지구촌에서 소통과 공생을 위한 인문학. **소통의 인문학과 공생사회**, 67-76. International Humanities Conference at Yonsei. 2010년 5월 14일.

박진재(2002). 아동의 또래관계 증진을 위한 사회적 기술 중재 프로그램의 효과. 연세대학교 대학원 박사학위논문.

박천응(2009a). 시민사회단체와 다문화 시민성 교육. **창설과 융화를 위한 배움학의 확장**, 53-80. 한국배움학회 가을학술대회 발표논문.

______(2009b). **다문화교육의 탄생**. 경기 : 국경 없는 마을.

배영주(2009). 다문화 평생교육의 정립을 위한 체험적-호혜적 운영 원리 탐색. **Andragogy Today**, 12(2), 61-87.

배은주(2006). 한국 내 이주노동자 자녀들의 학교생활에서의 갈등해결방안. **교육인류학연구**, 9(2), 25-55.

______(2007). '차별'과 '동화' : 초등학교 이주노동자 자녀들의 학교생활과 갈등. **교육비평**, 22, 214-232.

보건복지부(2005). **2005년 보건복지부의 결혼이민자 실태조사 보고서**. 서울 : 보건복지부.

_________(2009). **2009년 주요 예산사업 집행현황 보고**. 서울 : 보건복지부.

서덕희(2011). 농촌 국제결혼 가정 아동들의 학교생활에 대한 맥락적 이해 : 전남 소규모 초등학교에 대한 질적 사례 연구. **교육사회학연구**, 21(2), 87-120.

서종남(2010). 결혼이민자 가정의 문제점과 해결방안 연구. **시민교육연구**, 42(1), 103-126.

______(2012). 청소년의 다문화인식을 통한 다문화교육의 방향 연구 : 초 · 중 · 고 학생의 설문조사를 중심으로. **교육문화연구**, 18(1), 83-110.

서 혁(2007). 다문화가정 현황 및 한국어교육 지원방안. **인간연구**, 12, 1-24.

서 현 · 이승은(2007). 농촌지역의 국제결혼 가정 자녀가 경험하는 어려움에 관한 연구. **열린유아교육연구**, 12(4), 25-47.

서혜석 · 김영혜 · 강희양 · 이 난(2009). **의사소통**. 서울 : 청목출판사.

성낙돈(2009). 다문화사회, 평생교육의 역할과 과제. **다문화사회로의 이행, 평생교육의 새로운 정책 패러다임**. 평생교육진흥원 주최 제2차 평생교육정책포럼 자료집, 25-64.

송진숙 · 송진영(2012). 한국(韓國)의 문화(文化) : 한국 다문화교육의 이해와 실천과제. **한국사상과 문화, 62**, 331-347.

신승환(2003). 문화철학의 근대적 기원과 탈근대적 현상. **하이데거연구, 8**, 145-172.

신영복(2015). **담론**. 서울 : 돌베개.

신응철(2004). **철학으로 보는 문화**. 서울 : 도서출판 살림.

신진호(2011). 우리 것 수용만 강요 : 변방으로 내몰리는 이방인들… 한국말 배워야 적응 빨라 다그쳐. **세계일보**. 2011년 3월 8일자.

신희경(2006). 가해청소년, 피해청소년, 가해 · 피해 청소년 집단유형의 발달에 영향을 미치는 변인. **한국청소년연구, 17**(1), 297-323.

안병환(2009). 다문화교육의 현황과 다문화교육 접근방향 탐색. **한국교육논단, 8**(2), 155-177.

양순미(2007). 농촌지역 다문화가족의 초등학생들의 학교생활적응과 가족생활행복에 작용하는 요인. **한국심리학회지 : 여성, 12**(4), 559-576.

양영자(2008). 한국 다문화교육의 개념 정립과 교육과정 개발 방향 탐색. 이화여자대학교 대학원 박사학위논문.

엄은나(2006). 유아의 의사소통 능력 향상을 위한 프로그램 구성 및 적용효과. 중앙대학교 대학원 박사학위논문.

오경석 · 김희정 · 이선옥 · 박흥순 · 정진헌 · 정혜실 · 양영자 · 오현선 · 류성환 · 이희수 · 강희복(2007). **한국에서의 다문화주의**. 서울 : 한울 아카데미.

오성배(2005). 코시안 아동의 성장과 환경에 관한 사례연구. **한국교육, 32**(3), 61-83.

______(2006). 한국 사회의 소수 민족(ethnic minority), '코시안'(Kosian) 아동의 사례를 통한 다문화 교육의 방향 탐색. **교육사회학연구, 16**(4), 137-157.

______(2007a). 국제결혼가정 자녀의 교육기회 실태와 대안 모색. **인간연구, 12**, 1-15.

______(2007b). 국제결혼가정 자녀(Kosian)의 교육 환경과 문제. **교육비평, 22**, 186-213.

오은순(2008). **다문화교육을 위한 교수학습 지원방안(II)**. 서울 : 한국교육과정평가원.

위르겐 하버마스(2003). **인간이라는 자연의 미래**[장은주 역. 원저 : Habermas, J.(2002). *Die Zukunft der menschlichen Natur : Auf dem Weg zu einer liberalen Eugenik?* Auflage : Suhrkamp Verlag]. 서울 : 나남출판.

유네스코 아시아 태평양 국제이해교육원(2007). **다문화사회의 이해 : 다문화교육의 현실과 전망(편)**. 서울 : 동녘.

윤인진(2010). 다문화시대 소수자 문제와 공존의 모색. **소통의 인문학과 공생사회**, 131-162. International Humanities Conference at Yonsei. 2010년 5월 14일.

이관춘(2011). **호모 키비쿠스**. 서울 : 학지사.

이소희 · 최운선(2008). 국제결혼가정 자녀의 문화 정체감과 사회적 관계에 관한 연구. 한국가족복지학, 13(3), 163-185.
이수영・유형근・권순영(2010). 초등학교 고학년의 언어폭력 예방을 위한 역할놀이 중심 집단상담 프로그램 개발. 아동교육, 19(4), 199-214.
이연희(2015). 인천선언 : 고등교육, 평생학습 진흥・균등한 기회 보장, 회원국 최소 9년의 의무교육 제공 결의. 한국대학신문. 2015년 5월 21일자.
이인경(2005). 결혼을 통한 이주여성과 그들의 권리. 어울림 : 이주여성 다문화가족센터 자료게시판.
이재분(2009). 신취약계층(다문화가정)을 위한 교육복지정책의 추진방향과 향후과제. 교육개발, 35(4), 33-39.
이지선・김향미(2011). 유럽 우파정부 '다문화주의' 정책 포기. 경향신문, 2011년 2월 15일자.
이창호(2008a). 국제결혼가정 청소년의 생활 실태 및 지원방안 연구. 청소년시설환경, 6(1), 3-15.
______(2008b). 다문화가정 자녀의 학교생활 실태 및 지원 방안. 교육연구정보, 54, 54-62.
이태주(2007). 다민족 다문화사회 진전에 있어서의 사회 갈등양상과 극복과정 : 호주와 일본의 사례. 서울 : 한국여성정책연구원.
장 자크 루소(2003). 에밀[김중현 역. 원저 : Rousseau, J. J.(1762). *Emile ou de l'education*]. 서울 : 한길사.
장덕희・신효선(2010). 다문화가정 자녀의 학교부적응에 미치는 환경요인. 청소년학연구, 17(3), 123-147.
전숙자・박은아・최윤정(2009). 다문화사회의 새로운 이해. 서울 : 도서출판 그린.
전영준(2009). 한국의 다문화연구 현황. 다문화콘텐츠연구, 1, 109-130.
전재일・신효선(2008). 다문화가정 자녀의 생활환경이 학교부적응에 미치는 영향. 사회복지개발연구, 14(3), 251-283.
전재호(2007). 이주의 세계화에 따른 한국의 외국인 정책 변화 : 일본의 사례를 참고하여. 한국과 국제정치, 23(3), 191-223.
정윤주(2004). 또래관계 경험 및 가족지지에 따른 아동의 심리사회적 적응. 대한가정학회지, 42(11), 1-15.
정의성(2011). 노르웨이 참사가 남긴 것 : 더 큰 민주주의 더 큰 관용으로 학살에 답하라. 시사IN, 제203호, 36-39. 2011년 8월 6일자.
제임스 뱅크스(2008). 다문화교육 입문[모경환・최충옥・김명정・임정수 공역. 원저 : Banks, J.(2007). *An introduction to multicultural education*(4th ed.). Boston : Allyn & Bacon]. 서울 : 아카데미프레스.

조영달(2006). **다문화가정의 자녀 교육 실태조사**. 서울 : 교육인적자원부.

조영달 · 윤희원 · 김순희(2008). **다문화가정 자녀를 위한 다문화교육 교재 저술 : 다문화교육 연구방법을 중심으로**. 서울 : 교육과학기술부.

조용환(2007). 다문화교육의 의미와 과제. 유네스코아태국제이해교육원(편). **다문화사회의 이해 : 다문화교육의 현실과 전망**. 서울 : 동녘.

조현미(2008). 고령군의 다문화가정 지원현황과 과제. **한국지역지리학회지**, 14(4), 347-366.

조현상(2010). 한국 다문화사회 유형화에 관한 연구. **다문화가족연구**, 5, 19-48.

조혜영 · 서덕희 · 권순희(2008). 다문화가정 자녀의 학업수행에 관한 문화기술적 연구. **교육사회학연구**, 18(2), 105-134.

조혜영 · 이창호 · 권순희 · 서덕희 · 이은하(2007). **다문화가족 자녀의 학교생활실태와 교사 · 학생의 수용성 연구**. 서울 : 한국여성정책연구원.

차길수(2007). 커뮤니케이션 유형과 비언어적 커뮤니케이션 요소가 서비스제공자 평가에 미치는 영향 : 서비스유형의 조절효과 분석. 경기대학교 대학원 박사학위논문.

채영희(2008). 한일 다문화교육 비교 연구. **동북아문화연구**, 17, 179-198.

최석란(2006). 아동의 사회적 상호작용과 또래 수용. **여성연구논총**, 20, 1-17.

최충옥 · 모경환 · 김연권 · 박성혁 · 조난심 · 오은순 · 설규주 · 차조일 · 한용택 · 우희숙 · 서종남(2009). **다문화교육의 이론과 실제**. 경기 : 양서원.

최항석(2010). 평생교육으로서의 다문화주의. **시민인문학연구**, 17(1), 3-22.

최혜영 · 이은해(2005). 아동의 또래 상호작용과 교사신념 및 교사행동 간의 관계. **유아교육연구**, 25(5), 319-342.

크리스 젠크스(1996). **문화란 무엇인가**[김윤용 역. 원저 : Jenks, C.(1993). *Culture*. London : Routledge]. 서울 : 현대미학사.

통계청(2009). **2009 혼인통계 결과**. 서울 : 통계청.

파멜라 쿠퍼 · 체리 시몬스(2010). **교실의사소통 : 효과적인 교실 상호작용을 위한 소통방법**[이창덕 · 전인숙 · 이정우 · 김주영 · 김지연 공역. 원저 : Cooper, P. J., & Simonds, C. J.(2006). *Communication for the classroom teacher*. London : Pearson]. 서울 : 교육과학사.

페르디낭 드 소쉬르(2007). **일반언어학 노트**[김현권 · 최용호 공역. 원저 : Saussure, F. D.(2002). *Ecrits de linguistique générale*(éd. par Simon Bouquet; Rudolf Engler, Antoinette Weil). Paris : Gallimard]. 서울 : 인간사랑.

필리프 사시에(2000). **왜 똘레랑스인가**[홍세화 역. 원저 : Sassier, P.(1998). *Pourquoi la tolerance*. Fayard]. 서울 : 상형문자.

하경수(2012). 다문화사회의 이해와 교육의 과제. **사회과교육연구**, 19(1), 101-115.

한건수(2007). 국내 체류 이주노동자 자녀 및 청소년 이주민의 삶과 정체성. **다문화사회의 이해**(편). 서울 : 동녘.

한경구(2007). 다문화 사회란 무엇인가? **다문화사회의 이해**(편). 서울 : 동녘.

한경구·한건수(2007). 한국적 다문화 사회의 이상과 현실 : 순혈주의와 문명론적 차별을 넘어. **한국적 다문화주의 이론화 최종보고서**, 71-116. 서울 : 한국사회학회 동북아시대위원회.

한영혜(2006). **다문화사회**. 서울 : 국경 없는 마을.

한정애(2009). 다문화가정 초등학생의 학교적응 과정 분석. 경성대학교 대학원 박사학위논문.

한 준·한신갑·신동엽·구자숙(2007). 한국인의 문화적 경계와 문화적 위계구조. **문화와 사회, 2**, 29-53.

한준상(1999). **호모 에루디티오**. 서울 : 학지사.

______(2007). **教育資本論**. 서울 : 학지사.

______(2009). **生의 痂 : 배움**. 서울 : 학지사.

______(2010). 다문화 시대의 배움 : 학문적 과제와 방향. **다문화 시대의 평생교육의 과제와 방향**, 231-237. 한국성인교육학회 봄 학술대회 기조강연 논문.

______(2013). **生의 過 : 평생교육의 현상**. 서울 : 학지사.

______(2014). **生의 癒 : 평생교육의 철학**. 서울 : 학지사.

한준상·최항석·김성길(2012a). **배움의 사회학적 관점전환론**. 경기 : 공동체.

____________________(2012b). **배움의 쟁점과 경향**. 경기 : 공동체.

한준아(2008). 이혼 가정 아동의 자아지각 및 문제행동. 연세대학교 대학원 박사학위논문.

한진상(2010). NGO 다문화교육기관 교사들의 갈등에 관한 질적 연구. **교과교육연구, 14**(1), 120-138.

허미화(2008). 한국 사회의 다문화적 변화와 국제결혼가정 유아의 교육환경 고찰. **유아교육연구, 28**(1), 265-281.

허영식(2010). **다문화사회와 간문화성**. 서울 : 강현출판사.

황범주(2008). 다문화가정 자녀를 위한 교육정책 분석. 안양대학교 대학원 박사학위논문.

Banks, J. A., & Banks, C. A. M.(1993). *Multicultural education : Issues and perspectives*. Boston : Allyn & Bacon.

____________________________(2004). *Handbook of research on multicultural education*(2nd ed.). SF : Jossey-Bass.

Banks, J.(2001). Multicultural education : Historical development, dimensions, and practice. In

J. Banks & C. Banks(eds.), *Handbook of research on multicultural education.* SF : Jossey-Bass.

Banks, J., & Banks, C.(2001). *Handbook of research on multicultural education.* SF : Jossey-Bass.

Bledin, K.(2003). Migration, identity and group analysis. *Group Analysis, 36*(2), 97-110.

Bukowski, M. W., & Adams, R.(2005). Peer relationships and psychopathology : Markers, moderators, mediators, mechanisms, and meanings. *Journal of Clinical Child and Adolescent Psychology, 34*(1), 3-10.

Castles, S., & Miller, M. J.(1998). *The age of migration : International population movements in the modern world.* NY : Builford Press.

Cortes, C.(2001). Knowledge construction and popular culture : The media as multicultural educator. In J. Banks & C. Banks(eds.), *Handbook of research on multicultural education.* SF : Jossey-Bass.

Elena, M. P., & Pelagie, M. B.(2008). *Communication disorder : A clinical introduction*(3rd ed.). New Jersey : Pearson Education Inc.

Gay, G.(2000). *Culturally responsive teaching : Theory, research, and practice.* NY : Columbia University Teachers College Press.

Geertz, C.(1995). *After the fact : Two countries, four decades, one anthropologist.* Cambridge, MA : Harvard University Press.

Girolametto, L., Weitzman, E., & Greenberg, J.(2004). The effects of verbal supports strategies on small-group peer interactions. *Language, Speech, and Hearing Service in Schools, 35*(3), 254-268.

Han, P.(2008). Hidden 'in-betweenness' : An exploration of Taiwanese transnational identity in contemporary Japan. *Asian Ethnicity,* 9(2), 121-132.

Haynes, O. W., Moran, J. M., & Pindzola, H. R.(2006). *Communication disorders in the classroom : An introduction for professionals in school settings.* MA : Johns and Bartlett Publishers, Inc.

Holland, J.(1997). Enhancing multicultural sensitivity through teaching multiculturally in recreation. *Parks and Recreation, 32*(5), 42-50.

Howes, C., Rubin, H. K., Ross, S. H., & French, C. D.(1988). Peer interaction of young children. *Monographs of the Society for Research in Child Development, 53*(1), 1-92.

Kymlicka, W.(2004). Multicultural states and intercultural citizens. *Theory and Research in Education, 1*(2), 147-169.

Levinson, D., & Ember, M.(1996). *Encyclopedia of cultural anthropology*(eds.)(Vol. 1). New York : Holt.

Parenas, R. S.(2005). *Children of global migration : Transnational families and gendered woes*. Stanford : Stanford University Press.

Robert, E. O., Dale, E. M., & Adelaide, H.(2007). *Introduction to communication disorders : A lifespan perspective*. New Jersey : Pearson Education Inc.

Singh, B. R.(1995). Multicultural education : Education-social aspects. *Educational Review, 4*(1), 11-25.

Stone, C. F.(2003). Exploring the cultural competencies of certified therapeutic recreation specialists : Implications for education and training. *Therapeutic Recreation Journal, 37*(2), 156-174.

저/자/약/력

■ 김성길 momocute@kw.ac.kr
광운대학교 교육대학원 교수
광운대학교 교육대학원 평생다문화교육전공 주임교수
광운대학교 교육대학원 부모교육전공 주임교수
광운대학교 교직과정 주임교수
광운대학교 대학원 교육학과 교수
광운대학교 입학처 교수전임사정관

[논문]
배움학에 관한 연구
다문화 개념 재정립과 소통의 배움 원리
다양과 통합 : 배움학적 상상력
도보(徒步)에 관한 배움학적 함의
배움과 삶과 상처와 치유
사교육에 잠재된 배움력 발굴
의학교육에서 자기주도학습원리를 통한 배움의 용기 고찰
죽음의 배움학 序說
페스탈로치 교육사상과 평생교육에의 함의
Implications of erudition in lifelong education 외 다수

[저술]
배움의 의미
배움학, 그 시작된 미래
배움의 쟁점과 경향
배움의 사회학적 관점전환론
블렌디드 러닝(역서) 외 다수

[학회 활동]
한국다문화가족학회 이사
한국미래교육학회 편집위원장
한국배움학회 이사
한국성인교육학회 이사
한국평생교육학회 평생회원
서울지역사회교육협의회(KACE서울) 이사 등

多文化 배움 論爭 : 다문화 다르게 바라보기

|저자| 김성길

|1판 1쇄| 발행　2015년 7월 25일

|발행인| 김 동 훈
|발행처| 공 동 체

|주소| 경기도 고양시 일산동구 호수로 358-39, 동문타워Ⅰ 905호(백석동)
|전화| 031) 920-8305(대표)
|팩스| 031) 920-8308
|e-mail| compub@naver.com
|출판등록| 2005년 10월 6일
|등록번호| 제396-2005-36호

|ISBN| 978-89-6352-787-1
정가 13,000원